世界のロシア人ジョーク集

早坂 隆
ノンフィクション作家

811
中公新書ラクレ

はじめに

近年、「世界のジョーク界の主役」として大ブレイクしているのが、ロシアのウラジーミル・プーチン大統領である。

その個性的なキャラクターは、以前からジョーク界では人気を博していたが、「ウクライナ侵攻」なる国連憲章違反の侵略行為により、ヒール（悪役）としてさらにその地位を確立。堂々の「主演男優賞」受賞と相成った。見事、赤絨毯である。

以来、現在に至るまで、世界中で「笑いの標的」となっている。その人気に陰りはなく、海外に行く機会のある人は、ちょっとした「プーチンネタ」を仕込んでおくのもいいだろう。会話の起爆剤や潤滑油になることは間違いない（もちろん、場所とタイミングには注意。本書で研究を）。

それにしても、世の中とは皮肉なものである。考えてみれば、プーチンと対峙するウクライナのウォロディミル・ゼレンスキー大統領は、もともとはコメディアンだった。「局部でピアノを弾いているように見せるコント」といった際どい下ネタまで披露していた人物である。

だが、ロシアによる侵攻を受けて以降、ゼレンスキーから喜劇役者の顔は消えた。そして、その代わりとも言うべきか、プーチンが「ジョーク界の主役」となったわけである（もっともプーチン自身は元来、かなりの「ジョーク好き」。機嫌が良いと饒舌にジョークを繰り出す一面を持つ。以下、適宜、紹介する）。

すなわち、ロシアによるウクライナ侵略は、一人のコメディアンを消し、一人のコメディアンを生んだ。

もちろん、プーチンを単にコメディアンと言い切ってしまえば、世界中のコメディアンに悪い。

本書は世界各地で人気のある「ロシアジョーク」「プーチンジョーク」を通じて、かの国の歴史や政治、文化、民族性などへの理解を楽しみながら深めていこうという内容である。日本にとって、ロシアとは「お隣りさん」。古今東西、隣人の考え方や行動原理は気になるところである。

そして、ウクライナはロシアを挟んだ「隣りの隣りの国」。今回の戦争を「遠く離れた国々の戦争」としてとらえてはいけない。

「国としては怖いが、一人一人は素朴でいい奴が多い」とも言われるロシア人。文学や音楽の分野で、卓越した芸術性を見せるロシア人。イギリスの政治家で作家でもあったウィンストン・チャーチルは、ロシアについて「謎の、そのまた謎の謎」と評した。

謎をまた別の謎が包む。まさに人形の中に人形を隠し持つロシアの民芸品、マトリョーシカ人形のようである（余談だが、マトリョーシカ人形のルーツはそれほど古くなく一九世紀末頃で、日本の箱根の「入れ子人形」がその原点だという一説がある。箱根を訪れたロシア人が、お土産に持ち帰ったのがルーツだという説である）。

この余談の真偽はさておき、ではどうしたら「マトリョーシカ人形の中身」に迫ることができるだろう。

ロシアの詩人、フョードル・チュッチェフは、こう書いている。「知にてロシアは解し得ず」。だとするならば、小難しい学術論文よりも、ジョークを通じた鋭い風刺のほうが、理解への良きヒントになるかもしれない。普通の正攻法ではなく、笑いという斜めの角度からのドローン攻撃（?）のほうが、効果があるのではないか。

本書では日本とロシアにまつわる逸話にも多く触れるよう試みた。隣国同士である両国の間には、先のマトリョーシカ人形と入れ子人形の話のように、ちょっとした話題ながら意外な興味深い話が少なくない。

罵詈雑言や中傷、差別などではなく、あくまでもユーモアを通じての風刺を大切にしたい。ネット上には小学生の落書きのような書き込みも目立つが、適度な笑いを交えて批判なり批評するのが、あるべき大人の態度と言えよう。

眉間に皺を寄せることなく、風刺を楽しみながら国際情勢を語れるようになりたいものだ。風刺を通じて見れば、新たな視点も浮かんでくる。

プーチンが挑んだロシアンルーレット。その結果は、いかに。

●名手

彼はロシアンルーレットの名手でした。

彼はその生涯において、たったの一度しか負けなかったのです。

目次

◎印のついたものは解説です

第3章 プーチンとは何者なのか？ 115

第4章　ソ連という壮大なるジョーク 137

イラスト／つだゆみ
本文ＤＴＰ／今井明子

世界のロシア人ジョーク集

第1章

笑いによる攻撃
ウクライナ情勢　その1

【開戦】

ウクライナへの侵略

一九世紀の帝国主義戦争のごとく、ロシアが隣国であるウクライナへの全面侵攻を開始したのは、二〇二二年二月二四日（現地時間）。もっとも、ロシア側の呼称は「特別軍事作戦」。その目的は「侵略」ではなく、自国の安全保障と、ウクライナの「ナチス」を打倒することだと宣言した。これはジョークか真実か。

ロシアには「舌の上にハチミツ、舌の裏に氷」という諺《ことわざ》がある。「口先では良いことを言っていても、心は裏腹」という意味である。

国際社会はこの戦争を「プーチンの戦争」と見た。プーチンの決断に対し、国際世論は「ノー（ロシア語ではニェット）」を突きつけたのである。以後、「第三次世界大戦」「核戦争」といった言葉が世界中のメディアに溢れるなど、この日を境に国際情勢は一変した。

そして、ジョークの世界も大きく変わった。プーチンが主役に躍り出た瞬間である。プーチンは「ニェット」と言ったかどうか。

ロシア軍はウクライナの首都であるキーウに接近。多くの専門家やジャーナリストが「数日で制圧される」と予想した。しかし、そんな予想に反して、ウクライナは徹底抗戦。専門家たちだけでなく、プーチンもさぞ驚いたであろう。

反撃態勢を整えたウクライナ軍は、キーウとその周辺地域の防衛に成功。すると少なからぬ御仁《ごじん》が「実はウクライナ軍が勝つと思っていた」と言い出す始末。ワイドショーでは専門家でもない方々が、あれやこれやの大騒ぎ。呆れた方も多かったに違いない。

●映画

問い・アメリカ発の映画と言えば「スター・ウォーズ」（監督・ジョージ・ルーカス）だが、二〇二二年、ロシア発の映画と言えば？

答え・「スタート・ウォーズ」（監督・ウラジーミル・プーチン）

●ニュース

本日のニュース。

「プーチンによる『キーウを二日で占領する特別軍事作戦』は本日、一六日目に入りました」

キエフからキーウへ

開戦当時、日本のメディアはキーウではなく「キエフ」と報じていたが、これも今となっては懐かしい言葉。この呼称の変更は、ロシア語からウクライナ語に発音を近づけるためのものであった。

当初はキーウという言葉にかなりの違和感があったものだが、今や特に何も感じない。人間の言語感覚は順応が早い。そして、国際情勢もあっという間に移り変わっていく。

「キーウ」近郊から撤退したロシア軍はその後、ウクライナの東部と南部に攻撃を集中した。九月三〇日、ロシアはウクライナ東南部の四州（ルガンスク、ドネツク、ザポリージャ、ヘルソン）の併合を一方的に宣言。聞き慣れないウクライナの地名が連日、報道されるようになった。悲惨極まる映像と共に。

●知識

二〇二二年以降、世界の人々が最も学んだこと。
三位・ジェンダー論
二位・地球温暖化を巡る環境学
一位・ウクライナの地理

●天国

プーチンが国民への演説の場でこう語った。

「戦争など恐れることはない。なぜなら、愛国的ロシア人は皆、死んだら絶対に天国へ行けるのだから！」

その演説を聞いた天国側は、ＮＡＴＯへの加盟を申請した。

ウクライナ抑留と相撲

ウクライナ第二の都市であるハルキウも無差別攻撃の対象となり、街は焦土と化した。

それまで多くの日本人に馴染みの薄い地名だったハルキウだが、実はこの街は第二次世界大戦後、ソ連に抑留された日本人が強制連行された先の一つである。一般的に「シベリア抑留」と呼称されるが、抑留先はシベリアだけでなく、カザフスタンやモンゴルなど、ユーラシア大陸の広範囲に及んだ。ウクライナもその一つであった。

ハルキウには大規模な収容所があり、多くの日本人がこの地で強制労働を課せられた。今回のロシアの攻撃で破壊された建物の一部は、かつて日本人抑留者が建設したものである。

ハルキウの人々は日本人抑留者に同情的な人が多く、収容所への食料の差し入れも珍しくなかったと伝わる。そのため、ハルキウの収容所での死亡率は、他の場所よりもかなり低かったと言われている。

また、昭和の大横綱である大鵬(納谷幸喜)はウクライナ人と日本人のハーフだが、彼の父親の出身地はこのハルキウであった。大鵬の父親はコサック騎兵の将校で、ロシア革命後に日本に亡命した人物だった。その縁から、ハルキウには大鵬記念館が建てられ、相撲の人気も高い。

そんなハルキウも戦場と化したのである。

●輸入

問い・二〇二二~二〇二三年における、ウクライナ最大の輸入品とは?

答え・ロシア軍

【国の成り立ち】

キエフ・ルーシとは？

ロシア人はウクライナを「ロシア発祥の地」「兄弟国」などと呼ぶ。ボルシチやコサックダンスなどは、もともと「ウクライナ文化」である。

プーチンの強い執着の根源となっているのが、キエフ・ルーシ（キエフ公国）なる国家。この国は、九世紀末から一三世紀にかけて、現在のウクライナ、ロシア、ベラルーシなどにまたがって存在した。最盛期にはヨーロッパで最大級の規模を誇ったこともある。

民族的には東スラブ人で、宗教はキリスト教の中のギリシア正教（東方正教）をビザンチン帝国から受け入れた。経済的には農業ではなく商業を中心として栄えた。中心都市はキエフ（キーウ）である。当時のキエフは、ロンドンやパリを凌ぐ繁栄ぶりだったとも言われる。

キエフ・ルーシはモンゴルの侵攻によって崩壊したが、その一方、モンゴル軍からの攻撃が比較的軽微だった地方都市のモスクワが、その後に「モスクワ大公国」として発展していくことになる。「ルーシ」から派生した名称が「ロシア」であり、「ベラルーシ」は「白いルーシ」という意味になる。

プーチンは、ロシアを「キエフ・ルーシの正統な後継者」と位置付け、ウクライナを「同じルーツを持つ兄弟国」と主張する。プーチンが二〇二一年七月に発表した論文の題名は「ロシア人とウクライナ人の歴史的一体性について」。プーチン政権は「ロシア人とウクライナ人は一体であり、一つの民族」と掲げた。

しかし、ウクライナ人はこれを良しとしなかった。ロシア側が口にする「兄弟」とは、あくまでも「ロシアが兄で、ウクライナは弟」という文脈だからである。大ロシア主義のイデオロギーを持つプーチンは、「ウクライナは小ロシア」という歴史認識を有している。

ウクライナ人から見れば、これは当然、納得のいくものではない。彼らにしてみれば、ウクライナこそキエフ・ルーシの正統な継承者。少なくとも、「一体性」を理由に侵攻されることなど、認められるわけがない。

言語に関しても、ロシア語とウクライナ語は同じキリル文字を使用するものの、単語も表現もかなりの違いがある。

旧約聖書によれば、人類最初の殺人とは、アダムとイブの子どもであるカインが、弟のアベルを殺害したことらしいが、兄弟喧嘩こそ最も頻繁に起き、最も泥沼化するものなのかもしれない。

●兄弟

ロシア人がウクライナ人に言った。

「我々は親しい友人同士だね」

ウクライナ人が言った。

「いや、我々は兄弟と言えるだろう」

ロシア人が嬉しくなって答えた。

「確かにそうだね」

ウクライナ人がため息をつきながら言った。

「友人は選べるけれど、兄弟は選べないからね」

●勤勉

プーチンとは、世界で最も勤勉な大統領である。

一つの国だけでなく、二つの国を運営したいというのだから。

【徴兵】

●誕生日

ロシア人の双子の青年が、誕生日を迎えた。

兄には多くの人たちから腕時計や万年筆、ゲーム機、靴、花束などが贈られた。しかし、弟にはTシャツ一枚だけだった。兄が言った。

「どうだ、羨ましいだろう？　俺のほうが人望も人気もあるということだ」

弟が言った。

「先週、家に召集令状が一枚、届いていたけれど、どっち宛てだったと思う？」

徴兵制度

ロシア軍の正式名称は「ロシア連邦軍」。かつてのソビエト連邦軍の流れを汲み、旧ソ連が保有した核兵器を受け継いでいる。

ロシア軍を構成するのは、ロシア陸軍、ロシア海軍、ロシア戦略ロケット軍、ロシア空挺軍、そしてロシア航空宇宙軍の五つ。悪評としては、軍隊内での「いじめ」や犯罪が多いことで昔から知られている。よって、自殺者や脱走兵が伝統的に多い。

ロシアでは、一八歳から二七歳の男性に一年間の兵役義務がある。しかし、徴兵逃れが多く、医者に賄賂を渡して偽の診断書を書いてもらうといった手法も蔓延している。これについては、かつて国防大臣が「我が国の若者は、徴兵時期になると、どういうわけか具合が悪くなる」と嘆いたほどである。

ウクライナ侵攻から七カ月後の二〇二二年九月には部分動員がかけられ、約三〇万人もの予備役が招集された。

二〇二三年七月には、徴兵年齢の上限を二七歳から三〇歳に引き上げる法案がロシア下院にて可決された。徴兵対象者は戦地に送られないことになっているが、希望者は軍当局と契約を結んで「契約兵」となり、戦場に赴くことができる。契約兵はより高い給料をもらうことができる。

地方の貧困家庭の出身者の中には、軍務経験もほとんどないまま、支給される給与目当てに契約を結ぶ者が多いとされる。

●逃亡

一人のロシア人兵士が、憲兵に追われていた。兵士は道を歩いていた修道女を見つけ、息を切らしながら近づいて彼女に言った。

「大変申し訳ありません。スカートの中に隠れさせてください。理由は後で言いますので」

「わかりました」

駆けつけてきた憲兵が、修道女に聞いた。

「この辺りで兵士を見かけませんでしたか？」

「向こうのほうに走っていきましたよ」

憲兵の姿が見えなくなると、兵士はスカートから出てきて言った。

「助けていただき、本当にありがとうございました。いくら感謝してもしきれません。実は私はウクライナ行きを命じられたのですが、行きたくないのです」

「よくわかりますよ、そのお気持ち」

「ありがとうございます」

その後、二人はすっかり打ち解けてしばらく談笑した。兵士は修道女の姿を美しいと思い、口説きたいという誘惑にかられた。兵士は言った。

「それにしても、あなたはとても美しい両脚をお持ちですね」

修道女も笑って言った。

「そんなことありません。気づきませんでしたか？」

「何をです？」

修道女が言った。

「私の両脚の間に、あなたと同じものがぶら下がっていることを。私もウクライナに行きたくないのです」

●スターリンの亡霊

プーチンが執務室で戦争の作戦を練っていると、スターリンの亡霊が現れた。プーチンが言った。

「どうも戦争がうまくいきません。どうしたら良いでしょうか?」

「解決法は二つある。一つ目は年齢にかかわらずロシア国内のすべての男を兵としてウクライナに送り込むこと。二つ目はクレムリンを青色に塗り替えることだ」

プーチンが驚いて聞いた。

「クレムリンを青色に? なぜそんなことを?」

スターリンが苦笑して言った。

「一つ目のほうには疑問を感じないようだね」

●最終試験

ロシア軍は新入りの兵士の教育に力を入れていた。中でも優秀と思われる三人が、幹部候補生として最終試験を受けることになった。真の愛国心を持っているかどうか、試す試験である。

一人目のアンドレーエフは、試験官からこう言われた。

「あのドアの向こうにプーチン大統領がいる。大統領は一人でおり、無防備である。ここに銃がある。大統領を撃ち、報告せよ」

一分後、アンドレーエフは戻ってきた。彼は言った。

「私はプーチン大統領を裏切ることなどできません。私には撃てません」

「よし、合格」

二人目のブルシーロフも、試験官から同じことを言われた。

一分後、一発の銃声が鳴り響き、ブルシーロフは戻ってきた。彼は言った。

「私はプーチン大統領を裏切ることなどできません。ですから私は自決しようと思いましたが、銃に弾は込められていませんでした」

「よし、合格」

三人目のパブリチェンコも、試験官から同じことを言われた。

一分後、一発の銃声が鳴り響き、その後、もう数発の銃声が鳴り響いた。さらに、ガラスや木の割れる音などが聞こえてきた。パブリチェンコは戻ってきて言った。

「銃に弾が入っていなかったので、椅子で殴り殺すしかありませんでした」

●呼称

ロシア政府はこの戦争を「特別作戦」と呼び、敗走を「再集結」と呼ぶ。きっと強制招集は「全額海外有給休暇」だろう。

●ため息

ロシア海軍を志願した青年。面接官が聞いた。

「君は泳げるかね？」

青年はため息をついて言った。

「ああ、なんてことだ」

青年が続けた。

「我が海軍にはもう軍艦もないのか」

●最初に

ロシア陸軍に志願した青年が、面接官に聞いた。

「入隊したいのですが、最初に何をしたらよいでしょうか?」

面接官が答えた。

「まず精神科の受診を」

前線の兵士たち

開戦時、ウクライナ領に侵攻したロシア軍の兵士の中には、実際の事情をよく理解していない者が多くいたという。ウクライナ側が公開したロシア人捕虜の動画などによると、

「演習と騙されて送り込まれた」

といった発言をしている者が少なくない。

ロシア側には「親露派の多いウクライナ東部では、ロシア軍は歓迎される」と見込んでいた側面も少なからずあったようだ。プーチン自身も、そう考えていた節がある。

だが、現実はそうはならなかった。確かにウクライナ東部にはロシア語を第二公用語とする国民が少なくないが、かといって彼らのすべてが「親露派」というわけでもない。むしろ若い層は、ロシアよりもヨーロッパへの親近感が強い。プーチンの誤算である。プーチンのもとには都合の良い情報しか上がっていなかった可能性もある。

ロシア軍兵士の中には、「キーウに進軍するが、キーウではバラライカとマトリョーシカが待っている。ウクライナ政府と話がついている。良いことずくめだ」といった言葉を信じていた者もいたという。バラライカとはロシアの代表的な弦楽器。マトリョーシカは女性の喩えであろう。満足な武器も渡されなかったという証言もある。「ウクライナはナチスばかりだ」と教えられたという証言も少なくない。

●目的

問い・ロシア軍の最大の目的とは？

答え・給料

●志願

ロシア人の青年が父親に言った。

「僕、陸軍に志願しようと思うんだ」

父親が言った。

「おまえはバカか？　愚者か？　ボンクラか？」

青年がため息をついて言った。

「志願はやめるよ。そんなに条件があるなんて知らなかった」

●支払い

イワンはロシア軍の下士官だった。彼の役目は、新兵らに対して軍の年金制度について説明し、一人でも多くの者を加入させることだった。しかし、イワンはうまく加入者を増やすことができなかった。

彼はそこで、同僚のアレクセイのやり方を盗み見ることにした。アレクセイは最も多くの加入者を獲得し、軍から表彰を受けていたのである。

アレクセイが登壇する説明会にイワンは潜入した。アレクセイは新兵らを前にこう話し始めた。

「軍の年金制度に加入すれば、もしも戦死した場合、遺族に年金が支給される。その額は毎月二万ルーブルだ。一方、年金制度に加入していない場合でも、戦死した場合には、遺族にお見舞金が支払われる。その場合、一括で五〇〇〇ルーブルだ」

アレクセイが続けた。

「さて」

アレクセイは新兵たちを鋭く見据えて、こう言った。

「軍上層部は、どちらの集団を先に前線に送り込むと思う?」

【虐殺】

●ブーツ

一人のウクライナ軍兵士が、ロシア軍の捕虜となった。尋問の最中、そのウクライナ軍兵士は、目の前のロシア軍兵士がブーツを片方しか履いていないことに気がついた。ウクライナ軍兵士が聞いた。

「なぜブーツを片方しか履いていないんだ? 無くしたのか?」

「ああ、これか」

ロシア軍兵士が続けた。

「無くしたんじゃない。見つけたんだ」

ブチャの虐殺

開戦当初の二〇二二年三月、キーウ近郊のブチャという町において、ロシア軍が多くの民間人を殺害。ウクライナの検察当局によると、計四一〇人もの犠牲者が出たとされる。複数の集団埋葬地が発見されたが、遺体の多くは後ろ手に縛られ、後頭部を撃たれていた。住民らの証言によると、略奪、強姦、拷問なども行われていたという。

国際社会からは「戦争犯罪」との批判が集まったが、ロシア側はこれを否定。プーチンは「フェイクニュース」と断じた。しかし、「スマートフォンのある時代、虐殺の存在を示す動画や写真が数多く拡散している。

この事件は世界的に広く知られるところとなったが、ブチャ以外のボロジャンカやイルピンといった町でも、似たような集団埋葬地が発見されている。

同年九月中旬には、ウクライナ東部のイジュームという町で、約四四〇体もの集団埋葬地と拷問施設が発見された。

こうした虐殺が明るみになるにつれ、和平交渉の可能性は低くなっていった。

●最強の軍隊

世界で最強の軍隊を決めるコンテストが行われた。その内容は「広大な森に放した一羽のウサギを最初に見つけた軍が勝ち」というものだった。決勝に残ったのは、ドイツ軍、日本軍、アメリカ軍、中国軍、ロシア軍だった。

最初にドイツ軍が挑戦した。ドイツ軍は森の面積や木々の種類、湖や川の有無、ウサギの習性などを綿密に調査し、一週間後にウサギを見つけることができた。

続いて日本軍が挑戦した。日本軍は食事も睡眠もとらずに探索を続け、五日後にウサギを見つけることができた。

次にアメリカ軍が挑戦した。アメリカ軍はＡＩを駆使し、最新式のドローンを飛ばして、わずか二日でウサギを見つけることができた。

その次に中国軍が挑戦した。中国軍は森をすべて焼き払い、わずか一日でウサギを見つけることができた。

最後にロシア軍が挑戦した。ロシア軍は森の中に入っていったが、たった二時間ほどで戻ってきた。彼らは一匹のアライグマを手にしていた。そのアライグマは全身をメッタ打ちにされていた。疑問に思った審査員が、ロシア軍の隊長に聞いた。

「これはどう見てもアライグマではないですか？」

隊長はアライグマの顔をじっと覗き込んだ。するとアライグマが口を開いて言った。

「いいえ、私はウサギです！　ウサギです！」

【苦戦】

●戦略

プーチンが側近に言った。

「ウクライナは我々の戦略を知ることなど絶対にできない」

「なぜでしょうか？」

プーチンが答えた。

「こちらに戦略などないのだから」

欧米の支援

ロシア側は当初、「この戦争は短期戦で勝利できる」と想定していたとされる。開戦前のロシアの軍事予算は、ウクライナの約一〇倍。圧倒的な戦力差をもって、ウクライナ全土を一挙に占領するシナリオだった。

しかし、現実は思い通りに進展しなかった。祖国防衛で一丸となったウクライナと、それを支える欧米諸国の結束により、プーチン政権の目論見は外れた。

短期戦の見込みが崩れて長期戦に陥るというのは、歴史が伝える「定番のシナリオ」である。四年以上にわたり、約一〇〇〇万人もの犠牲者を生んだ第一次世界大戦でさえ、当初は短期戦の予測のもとに始まった。支那事変（日中戦争）も然りである。

ウクライナ軍を支えているのが、欧米各国による強力な軍事支援。欧米諸国は各種兵器の供与だけでなく、軍事インテリジェンスの提供や、兵士の訓練などの支援も実施している。

アメリカは歩兵携行式多目的ミサイル「ジャベリン」を大量に供与。ジャベリンの総重量は約二〇キロで、歩兵が肩に担いで発射できる。無論、自動誘爆であるが、このジャベリンがロシア陸軍の戦車や装甲車に対して大きな戦果を上げている。

インターネット上では「聖ジャベリン」なるイラストが世界的に拡散。マグダラのマリアがジャベリンを持った構図のユーモア画像である。この画像は人気を集め、ウクライナ国内の住宅の壁などにも描かれた。「聖ジャベリン」は今や「レジスタンスの象徴」「不屈の精神を表すシンボル」として、ステッカーやバッジ、Tシャツ、帽子、マグカップにまでデザインされている。

人間のユーモアは、戦時下でも死なない。

●オリンピック

問い・オリンピックでウクライナ人選手がメダルを総なめにした競技とは？

答え・槍投げ（解説・槍は英語でジャベリン）

SNSへの取り締まり

開戦後、ロシア政府はすぐに情報統制に乗り出した。ツイッター（現・X）やフェイスブック、インスタグラムなどのSNSでは、アクセスの制限が課せられた。

プーチン政権はその成立時から、国営メディアへの規制を強化し、政権への批判を抑えてきた。国内世論のコントロールには常に注力してきたわけだが、このような強力な情報統制はソ連時代からの「お家芸」である。

ウクライナ侵攻後、ロシアで和平交渉の支援をしていた実業家のロマン・アブラモビッチは、毒物によると見られる中毒症状を発症。化学兵器「イペリット」の使用も疑われている。

ロシア国内における反戦デモでは、数万人規模の拘束者が出た。反戦メッセージを書いたポスターを掲げた者たちの拘束が相次ぐ中、皮肉のためにあえて「何も書いていない」真っ白のポスターを持つ者たちが現れたが、彼らでさえあえなく逮捕された。独立系ニュースサイト「メドゥーサ」の編集者であるケヴィン・ロスロックは「ニジニ・ノヴゴロドの警察が、何も書かれていないサインを掲げる抗議活動者を拘束しました。二〇二二年のロシアへようこそ」とツイートした。

ロシア第一チャンネルの女性プロデューサーだったマリーナ・オフシャンニコワは、同局の生放送のニュース番組に乱入。「戦争反対。戦争をやめて。プロパガンダを信じないで。あなたは騙されている。戦争に反対するロシア人たちより」と書かれたポスターを掲げた。放送は即座に中断され、オフシャンニコワは警察に身柄を拘束された。現在、彼女は国際ジャーナリスト組織「国境なき記者団」の支援を受けてロシアから密出国し、フランスに亡命している。

そんなロシアは、国際連合の安全保障理事会における常任理事国の一国。国際社会とは、その枠組みからしてまるでジョークである。

●政府と掃除機

問い・ロシア政府と掃除機の違いとは？

答え・掃除機の中のゴミは、捨てることができる。

●SOS

三人のロシア人が乗ったクルマが、土砂崩れに遭ってしまった。クルマは泥に埋まって動けなくなったが、幸いにもスマートフォンの電波は届いた。一人が警察に電話した。

「土砂崩れに遭ってしまいました。助けてください」

「わかりました。二四時間以内に助けにいきます」

もう一人は軍に電話した。

「土砂崩れに遭ってしまいました。助けてください」

「わかりました。一二時間以内に助けにいきます」

もう一人は秘密警察に電話して、

「ウクライナ戦争に反対する！」

と言って切った。

五分後、秘密警察が到着した。

【ゼレンスキー】

●流行色

二〇二二年、世界のファッション界の流行色とは？

三位・コロナ禍からの復活を表す力強いレッド

二位・多様性を表すレインボーカラー

一位・ゼレンスキー・グリーン

元コメディアンという経歴

ゼレンスキーの着ている迷彩色のシャツは、世界中の人々に強い印象を残している。その演出やキャラクター化の巧みさは、彼の経歴に支えられたものであろう。

ウォロディミル・ゼレンスキーは一九七八年一月二五日の生まれ。プーチンとは二六歳も違うことになる。親子くらいの年齢差である。

「ウォロディミル」という名は、ロシア語名では「ウラジーミル」。つまり、プーチンと同名ということになる。この名前の由来は、キエフ・ルーシ時代のヴォロディーミル（ウラジーミル）一世。ギリシア正教を国教とした大公で、「聖公」とも称される。

ゼレンスキーの出身地は、ウクライナ東部に位置するドニプロペトロウシク州のクリビーリフという町。家系はユダヤ系で、祖父は第二次世界大戦時、赤軍に徴兵されてナチスと戦った。曽祖父をはじめとする親族の中には、ホロコーストの犠牲者が複数いる。

そんな血統であるゼレンスキーをプーチンは「ネオナチ」呼ばわりしているのだから、欧州の群像劇とはいかにも悲喜劇的である。

そんなゼレンスキーだが、彼は小さな頃から「お笑い」に興味があったという。将来の夢はコメディアンだった。

大学では法学の学位を取得。卒業後、コメディアンや俳優として人気を博し、テレビドラマ「国民の僕《しもべ》」で大ブレイク。「高校教師がひょんなことから大統領になる」という内容のドラマだったが、これを契機として二〇一九年、本当に大統領選挙に出馬。見事に当選を果たし、大統領に就任したのである。

●共通点

問い・プーチン、バットマン、ウィル・スミスの共通点とは？

答え・コメディアンを攻撃した。（解説・バットマンの最大の敵であるジョーカーはコメディアン。ウィル・スミスは二〇二二年三月、アカデミー賞の授賞式で、司会者でコメディアンのクリス・ロックを平手打ちした）

戦時下の大統領に

大統領就任後のゼレンスキーは、ヨーロッパ諸国との協調、統合路線を推し進めた。ロシアとも対話を重視する姿勢を示したが、プーチン政権はウクライナへの圧力を強めた。そのため、ウクライナ国内ではゼレンスキーに対し「弱腰」との批判が集まった。

確かに元ＫＧＢ（ソ連国家保安委員会）のスパイという経歴を持つプーチンは、元コメディアンのゼレンスキーを甘く見ていた節があったと思われる。ゼレンスキーも当初はプーチンに対し、臆するところがあったようである。プーチンに「なめられた」ことが、抑止力の低下に繋がった可能性は否定できない。

ゼレンスキー政権は、ウクライナ国内における反汚職への対策も失敗した。ロシアによる侵攻前の支持率は、実に二割程度にまで落ち込んでいた。「やっぱり芸人上がりはダメだ」と冷笑されていたのである。

ロシアによる侵攻が明らかになると、当初は「国外に逃げたのではないか」と揶揄された。しかし、彼は国内に留まっていた。ゼレンスキーは大統領府の外で撮ったビデオメッセージで、

「大統領はここにいる。みんなここにいる。軍もここにいる。市民もここにいる。独立を守るために、我々はみなここにいる」

と発信。「徹底抗戦」を広く国民に呼びかけた。

ゼレンスキーは言葉選びや演出など、細かなセルフプロデュースが極めて巧みであった。「元コメディアンの大統領」は、こうして「戦時下の大統領」となった。

支持率は九割以上にまで跳ね上がったのである。

●床屋

プーチンが床屋に行った。床屋の主人はプーチンの髪を切りながら、次のような質問を繰り返した。

「ゼレンスキーというのは、どういう人物なのでしょう?」

「ゼレンスキーは今、どんな生活を送っているのですかね?」

「ゼレンスキーの将来はどうなりますか?」

プーチンはうんざりした顔をして言った。

「ちょっと黙っていてくれないか。君はいささかゼレンスキーに興味を持ちすぎているようだ」

「いえ、そんなことはありません。私はゼレンスキーに興味などありませんよ」

「ではなぜ?」

主人が答えた。

「私が『ゼレンスキー』と言うと、大統領の髪が逆立つので、切りやすいんです」

●何を学ぶ?

問い・ウクライナ人は今、何を学ぶ？
答え・楽観主義者…ウクライナ語を学ぶ
　　　悲観主義者…ロシア語を学ぶ
　　　現実主義者…狙撃を学ぶ

●ライフル

ウクライナ人の一家。居間で父親がライフルの掃除をしていると、学校から帰ってきた息子が言った。

「お父さん、先生が言ってたんだけど、ロシア人が宇宙に行ったんだって」

父親はライフルを机に置いて聞いた。

「全員？」

子どもが答えた。

「いや、三人くらいかな」

父親は再びライフルの掃除を始めた。

【国際社会への影響】

●ガソリンスタンドにて

ベルリンのガソリンスタンドで、ドライバーが店員に言った。

「ガソリン一〇リットル」

店員が答えた。

「一〇〇ユーロになります」

ドライバーが驚いて聞いた。

「何だって？　先週は二〇ユーロだったじゃないか。どうなっているんだ？」

「確かにガソリン代は二〇ユーロです。しかし、三〇ユーロがウクライナへの支援に、二五ユーロがロシアへの経済制裁に参加しているヨーロッパ諸国への支援に、さらに一五ユーロが紛争の影響を受けやすいバルト諸国への支援に、そして一〇ユーロが生活の苦しいバルカン諸国への支援に使われます」

「そうか、わかったよ。仕方がない」

ドライバーはそう言って、一〇〇ユーロ紙幣を出した。すると店員が二〇ユーロ紙幣をおつりとして戻してきた。ドライバーが聞いた。

「おい、一〇〇ユーロじゃなかったのかい？」

店員が答えた。

「ええ。でも今、ガソリンが切れているもので」

ドイツが浴びた「返り血」

ウクライナ戦争の勃発後、アメリカを「主役」とする自由主義諸国は、ロシアへの様々な経済制裁に踏み切った。国際銀行間通信協会（ＳＷＩＦＴ）からロシアの金融機関は排除された。

二〇二二年六月、ドイツで行われたＧ７（主要七カ国首脳会議）の場で、イギリスのボリス・ジョンソン首相は、

「プーチンよりタフなところを見せつけよう」

「胸筋を見せてやらないと」

などと発言。これはプーチンが鍛え上げた肉体を誇示するかのようにして、上半身裸で釣

りや乗馬をたびたびしていることを風刺したジョーク。カナダのトルドー首相も、

「胸を出して乗馬しようか」

とこれにかぶせた。

このような挑発（?）を受けて、後日、プーチンは皮肉たっぷりにこうやり返した。

「ウエストまで脱ぎたかったのか、もっと下まで脱ぎたかったのか知らないが、どちらにしても気持ちが悪い光景のはずだ」

ドイツはロシアと結ぶガスパイプライン「ノルドストリーム２」の計画を凍結したが、その結果、ロシアは「ノルドストリーム１」によるガスの供給量を削減。以降、ガス価格は高騰し、深刻なインフレの要因となっている。ドイツは「返り血」を浴びた。

同年一〇月二七日、プーチンはロシア国内で催された国際討論クラブの場において、「ドイツの友人から聞いた話」として、こんなジョークを言葉巧みに披露した。

「ドイツの子どもがお父さんに聞きました。『パパ、なんでうちは寒いの?』。お父さんは答えた。『ロシアがウクライナを攻撃したからね』。『それでどうなったの?』。『だからロシアに制裁をしたんだ』。『なんで?』『ロシア人を苦しめるためだよ』。『パパ、僕たちロシア人なの?』」

会場には笑い声がこぼれ、プーチンはニンマリと上機嫌であった。無念、ドイツはジョークでも返り血を浴びたのである。

●脅威

ドイツ政府は「ロシアとあまり敵対しすぎては、自国が危険である」との結論に至り、宥和政策に転じることにした。ドイツ政府は以下のような声明を出した。

「我々は以後、ロシアを脅威とは見なさない」

ロシア政府はこの声明に激怒した。理由は「最大の屈辱」ということであった。

●功績

プーチンとて、その行為のすべてが悪だったわけではない。

彼のおかげで、ヨーロッパ全土でガス自殺が減った。

消えたスターバックス

日本も欧米の主要国と足並みを揃え、経済制裁に参加。ロシア産石油の原則輸入禁止、産業用機械の制御に使われる半導体などの輸出禁止といった制裁措置を打ち出した。

各国が講じたこのような経済制裁は一定の効果を上げてはいるものの、抜け道も目立ち、ロシアに継戦を断念させるには至っていない。

多くの外資系企業もロシアから撤退。スターバックスの代わりにロシアで生まれたのは、メニューやロゴも本家にそっくりの「スターズ・コーヒー」である。

マクドナルドも同じく撤退。ロシアにマクドナルドが初めて開店したのはソ連時代の一九九〇年。モスクワの一号店は「冷戦終結の象徴」として話題を集め、新聞には「Mと書いてあっても、メトロ(地下鉄)の入り口ではない」との見出しが躍った。五時間以上とも言われる長蛇の列が発生し、「モスクワっ子たちはパンを食べながら行列に並んだ」と語り継がれる。そんな思い出深いマクドナルドも姿を消し、「フクースナ・イ・トーチカ(おいしい。ただそれだけ)」というロシア語の店名に変わった。

アップルもロシアでの販売を停止。ロシア国営大手「ロステク」は、自社ブランドのスマホに力を入れているが、その生産拠点は中国。ロシア市場で人気があるのは、アップル製品の並行輸入品である。

●四つ星

ロシア軍の将校が街を歩いていた。軍服の胸には、四つの星の付いた階級章が輝いていた。それまでスマホでアマゾンのサイトを見ていた女の子が、将校の姿に気がついて言った。

「あの人、ユーザーからかなりの高評価ね」

グローバルサウスの反応

ロシアとの関係性を軽視できず、あからさまなロシア批判を表明できない国も少なくない。G７では結束できても、G20となると意見はまとまらない。

二〇二三年二月に行われた国連総会におけるロシア軍の即時撤退を求める決議では、一四一カ国が賛成したものの、七カ国（ロシア、ベラルーシ、北朝鮮、シリアなど）が反対、三二カ国（中国、インド、イラン、南アフリカなど）が棄権となった。「ロシア包囲網」は一枚岩とは程遠い。

「グローバルサウス」と呼ばれる新興国、途上国の多くは、「中立」の立場を模索する。

インドはロシアと伝統的に長く友好関係を築いてきた国の一つだが、現在は国際社会の中で微妙な中立的立場を維持している。モディ政権は「ロシアを支持も非難もしない」という独自の姿勢を崩していない。

ブラジルのルラ政権はロシアを批判する一方、「欧米諸国のウクライナへの武器供与が戦争を煽っている」として、和平交渉の仲介役を申し出ている。

戦争の長期化は、ウクライナへの「支援疲れ」を招く。アメリカのトランプ前大統領は、バイデン政権がメキシコ国境からの不法移民の流入を止められないことをネタにして、「アメリカは自分の国境も守れないくせに、ウクライナの国境を守っている」といった発言を繰り返している。

●妊婦の考え

一人の妊婦が思った。

世界中の人々が、ウクライナのことを心配している。それはまるで、私のお腹の中にいる子を心配してくれる親類や友人たちのように。

そう、お金の支援は多少なりともしてくれるが、養子縁組をする気は一切ないのである。

第2章
笑いによる攻撃
ウクライナ情勢　その2

【泥沼化】

●不信

ナポレオンは寒さによって、ロシアへの侵攻を諦めた。
ヒトラーも寒さによって、ロシアへの侵攻を諦めた。
今、プーチンはこう思っている。
（地球温暖化とは、反ロシア勢力によるロシア侵攻への準備ではないか）

ロシアを守った冬将軍

一八一二年、ナポレオン率いるフランス帝国は、五〇万とも七〇万とも言われる大軍を率いてロシアに侵攻（ただし、実際の軍隊はフランスだけでなく、ヨーロッパ各国による「多国籍軍」だった）。ロシア側は「祖国戦争」と銘打ってこれを迎え撃った。

九月、ナポレオン軍はモスクワを占領。しかし、これはロシア側の総司令官であるクトゥーゾフが、モスクワでの決戦をあえて避けた結果であった。多くの住民ともども、全軍を撤退させておいたのである。「モスクワを失ってもロシアを失うわけではない。しかし、軍が殲滅されれば、モスクワもロシアも滅びる」というのがクトゥーゾフの考えであった。

一〇月、モスクワに初雪が降った。例年よりも早い「冬将軍」の到来だった。補給線を断たれていたナポレオン軍は、飢えと寒さに震えながら、やむなく撤退を開始した。

時は流れて一九四一年、ヒトラー率いるナチス・ドイツは、独ソ不可侵条約を破ってソ連への侵略を開始。ソ連側はこの戦争（独ソ戦）を「大祖国戦争」と呼んだ。

モスクワ陥落を目指していたナチス・ドイツを襲ったのは、数十年に一度と言われる大寒波だった。ナチス・ドイツの進軍は乱れ、この影響による攻守の交代が、第二次世界大戦の趨勢を決める大きな分水嶺となった。「冬将軍」が再びロシアを守ったのである。日本では元寇の際の「神風」が語り継がれるが、ロシアでは「神雪」ということになる。

そして現在、プーチンはウクライナとの戦争を、前述の二度の戦争に続く「第三次大祖国戦争」と呼んでいる。「神雪」は降るだろうか。

●Z　その1

問い・ロシア軍は「Z」の文字を好んで使用しているが、これは似合っているか？
答え・似合っている。「卐（ハーケンクロイツ）」の半分の規模で、かつ裏返しである。

Zの謎

ロシア軍は軍用車両の符号の一つに「Z」を採用。自軍と敵軍を識別するためのものだが、「なぜZなのか？」は不明。ロシアのキリル文字ではなく、ラテン文字を使っているのも謎である。

ロシア国内の戦争支持派の一部は、街中にZの落書きをする。Zは戦争支持のシンボルとなっている。日本には、日露戦争の際に国際信号旗の一つである「Z旗」を掲げて「最後の奮闘」を促した歴史があるが、これを真似た訳でもないだろう。

二〇二三年二月には、ロシア軍が黒海から発射した巡航ミサイルが、ルーマニアの領空を通過したとウクライナ軍が発表した。ルーマニアはウクライナと国境を接しているが、北大西洋条約機構（NATO）のれっきとした加盟国。ルーマニア政府はミサイル通過を否定したが、真相は情報戦という深い霧の中に紛れ込んだままである。

私はかつてルーマニアに住んでいたことがある。ミサイル通過の報を知った私は、すぐに同国のネットニュースを確認しつつ、友人らにメールした。私の愛する「第二の故郷」は、まさに「戦時下」の様相であった。しかし、とある友人からの返信には次のような言葉があった。

「ミサイルが自国の領空を通過するなんて、まるで日本だね」

●Z　その2

男の子がお父さんに聞いた。

「どうしてロシア軍の戦車にはZと書いてあるの?」

お父さんが答えた。

「プランAとかプランBという言葉は聞いたことがあるだろう?　プランAに失敗したら、プランBに移る。ロシア軍はついにプランZまできているのさ」

●Z　その3

問い・どうしてロシア軍の戦車は戦果をあげられないのか?

答え・睡眠中だから。（解説・英語では寝ている様子を「ZZZ」と表す）

●Z　最終回

ロシアの戦車に書かれているZの意味が、ついに判明しました。

ゼレンスキーのZです。

●時代遅れの兵器

プーチンの執務室に、軍の司令官が入ってきて言った。

「大統領、良い知らせと悪い知らせがあります」

「では、良い知らせから聞こう」

「情報機関からの報告によりますと、ウクライナ軍が最近、追加して配備した兵器の多くは、非常に時代遅れのものであり、故障や損傷が多いということがわかりました」

「なるほど。それは良い知らせだ。ならば戦況は好転していくだろう。で、悪い知らせとは？」

司令官が答えた。

「はい。最近、我々の兵器が大量に鹵獲《ろかく》されているとのことです」

●武器支援

ウクライナは世界各国に武器の支援を要請した。

結局、最もその要請に応えたのはロシアであった。

●兵器展示会

ヨーロッパ最大級の兵器展示会「ユーロサトリ」は、二年ごとにフランスのパリ近郊で開催されます。

二〇二二年、今年も開催地はパリですが、本会場はウクライナとなります。

●功績

問い・プーチンは結局、何をしたのか？

答え・「世界で二番目に強い軍隊」を、「ウクライナで二番目に強い軍隊」に変えた。

●最新兵器

ウクライナの前線に駐屯するロシア軍の歩兵部隊。ある日、大きなスーツケースを持った一人のロシア人兵士がやってきた。

「我が偉大なるロシアが開発した最新式の兵器を持ってきたぞ」

「それは素晴らしい！　どんな兵器なんだい？」

「この腕時計を見てくれ。これは敵の位置情報を教えてくれる腕時計だ。敵のドローンが近づいてくるのもわかる。もちろん、敵の戦車もだ。これを付けて戦えば、我が軍の勝利は間違いない」

「なるほど。それは凄い。で、その大きなスーツケースは何だ？」

「これかい？　これは腕時計の充電器だよ」

●見分け方

問い・ウクライナの狙撃兵は、ロシア兵の階級をどこで見分ける？
答え・ジャージの線の数。

●記録

私の兄は、ロシア軍の戦闘機を二二機も墜落させ、新たな記録をつくった。
彼は史上最悪の整備士として、永遠に語り継がれるであろう。

相次ぐ密告

二〇二三年五月九日、ロシアは対ドイツ戦勝記念日を迎えた。この日はロシアにとって歴史的にとても重要な日だが、軍事パレードは例年よりもかなり小規模なものだった。現役の戦車の姿はゼロ。登場したのは第二次世界大戦中に使用されたT－34一台のみという、なんとも寂しい光景であった。

さらに、同年の年次軍事演習「ザーパド（西部）」は中止に。演習に参加できる兵力が不

足したためと思われる。ショイグ国防相は、

「今年はウクライナで演習を行っている」

という微妙なコメントを残した。

ロシア国民の間にも、様々な心境の変化が生まれている。開戦当初、戦争への支持率は総じて高かった。政府のプロパガンダは強烈かつ精緻であり、それをそのまま信じる国民は少なくなかった。

しかし、戦争の長期化により、厭戦的な雰囲気も生まれている。賛成派と反対派の溝は深い。

そのような潮流を受けて、政府は戦争を正当化する学校教育に力を傾注。高校などでの軍事教練の導入も広がっている。

ロシア国内で人気の「私の密告」というアプリでは、戦争に反対する人を密告する投稿が相次いでいる。しかし実はこのアプリ、ロシア政府のポータルサイトを真似した「ジョークアプリ」。にもかかわらず、政府の正規のアプリだと勘違いした人々が、「隣人がプーチンの悪口を言った」「同僚が特別軍事作戦を批判した」といった投稿を続けている。かたちは変われども、ソ連時代の密告制度を思わせる光景である。

●信用

ロシア人がこの世で最も信用しない人種は？

三位・ドイツ人
二位・アメリカ人
一位・ロシア人

●戦線の光景

問い・ロシア人兵士は戦線で他の兵士と出会った時、どうする？
答え・出会ったのがロシア人兵士なら、片手を上げる。
出会ったのがウクライナ人兵士なら、両手を上げる。

●トラック

ウクライナの戦線。二人のロシア人兵士が、トラックに乗ってウクライナ軍の駐屯地に近づいてきた。二人は両手を上げてトラックから降りてきて言った。

「我々は投降する。我々のトラックはすでに故障だらけで、思うように動かない。そもそも燃料もほとんど残っていない。補給部隊は遠いし、整備兵が来る見込みもない。我々は完全に孤立している」

ウクライナ軍は二人を招き入れた。二人には食事が提供され、故郷の両親とビデオ通話することも許された。二人は涙を流して喜んだ。

その後、二人が乗ってきたトラックを調べていた整備兵が、戻ってきて言った。

「あなたがたの言う通り、トラックは故障だらけで、燃料もほぼ入って

いませんでした。エンジンは壊れ、タイミングベルトは切れかけ、穴からオイルが漏れ、ラジエーターには亀裂が入っていました」

　それを聞いたロシア人兵士の一人が言った。

「ちょっと待ってください」

「何でしょう？」

「ラジエーターに亀裂と言いましたか？」

「ええ」

　二人のロシア人兵士は、首をかしげながらコソコソと言い合った。

「そんなことまでしたっけ？」

●駐屯地

　順調に領土を奪還しながら進軍していたウクライナ軍の目の前に、ロシア軍の巨大な駐屯地が立ちふさがった。それは要塞のごとき駐屯地で、高い壁と大きな門に囲まれているため、内部の様子をうかがうこともできなかった。ドローンを飛ばして敵情を探ろうとしても、すぐに撃ち落とされてしまう。

中隊長が困っていると、一人の兵士が進み出て言った。

「なんとかなると思います。私が斥候に出て敵の情報を集めてきますので、お任せください」

「そうか、よし、頼むぞ」

兵士は戦友と共に駐屯地に近づくと、おもむろに大地に横になって伏せた。彼は地面にそっと耳を当てると、やがてこう話し始めた。

「兵士は一〇〇名ほど。大砲は約二〇門。装甲戦闘車両が約一〇台。それに戦車が三台。そんなところでしょう」

戦友が驚いて聞いた。

「なぜそんなことがわかるんだ？　音か？　地面に響くわずかな音から分析しているのだな？　すばらしい感覚だ！　君は天才か！」

兵士は言った。

「いえ。そういうわけではありません」

「ではどうやって？」

兵士が答えた。

「門の下に隙間が空いていまして」

【戦車戦】

●戦車大隊

問い・ウクライナからロシアに帰還した戦車大隊のことを何と呼ぶ？
答え・歩兵小隊

戦車の供与

戦争の泥沼化が明らかとなる中で、世界のジョーク界は「思ったほど強くないロシア軍」を笑いの標的とするようになった。弱い軍隊を笑うジョークと言えば、かつてはイタリア軍やアルバニア軍がそのターゲットとなっていたが、現在では「お粗末なロシア軍」が格好の餌食となっている。

イタリア軍がネタにされているのは「第二次世界大戦時、枢軸国側で早々に降伏した」から。アルバニア軍は一九三九年、そのイタリア軍にわずか数日で敗れている。

それはともかく、実際のロシア軍の実力に関しては、不明な点が多い。「相当しぶとい」「地力は強力」と見る向きも根強い。ジョーク界ではボコボコにされているが、実際にはそう簡単にはいかない。ロシア軍を笑うジョークが流行している背景には、人々の希望的な思いが見て取れる。

欧米諸国がウクライナへの主力戦車の供与を決定したのは、二〇二三年の一月。それまでは、戦闘が激化する可能性を危惧して、戦車の供与には二の足を踏んでいた。核兵器を所有するロシアに対し、「足りなさすぎず、やりすぎもしない」というギリギリのラインを模索してきた欧米諸国が、ついに戦車の供与という大きな一歩を踏み込んだのだった。

以来、軍事知識に疎い日本人も「レオパルト2」や「M1エイブラムス」といった欧米の戦車の名称について、にわかに詳しくなった。

レオパルト2は、ドイツが誇る強力な主力戦車。旧ドイツ陸軍が誇ったタイガー（虎）戦車の後継として、レオパルト（豹）と命名された。冷戦下の西ドイツで開発された後、継続的に強化が重ねられ、現在ではヨーロッパはもちろん、カナダやインドネシアといった国々でも幅広く運用されている。

開戦当初、とりわけドイツは武器供与に慎重だったが、その後に方針を大きく転換。ついに、戦車の供与にまで支援を拡大したのである。

●レオパルト2

ウクライナからの度重なる要請に対し、ようやくカナダが応じることになった。カナダは保有する「レオパルト2」を近日中に送るという。ウクライナ政府は飛び上がって歓喜した。

数日後、ウクライナに届いたのは、ヒョウ柄のカーペット二枚だった。

●何日で

問い・モスクワからキーウまで、ロシア軍の戦車は何日で行けるだろうか？

答え・何人で押すかによる。

ロシア戦車の「ビックリ箱」

M1エイブラムスは、アメリカの第三世代主力戦車。その名は、第二次世界大戦時におけるバルジの戦いの英雄、クレイトン・エイブラムス大将に由来する。ディーゼルエンジンのレオパルト2とは異なりガスタービンエンジンを使ったその優れた機動力や、高度な射撃管制装置から「戦車の王様」「世界最強の戦車」と称される。

一方、ロシア軍の戦車は、T−72やT−90など。T−72は一九七〇年代半ばからソ連の機甲部隊に配備され、東欧や中東の同盟国や友好国にも大量に輸出された。しかし、ウクライナとの戦いでは前述のごとく、「聖ジャベリン」の餌食となったり、あえなく鹵獲されるなど、総じて苦戦が続いている。被弾すると、搭載している弾薬が誘爆を引き起こし、砲塔が高く吹き飛ぶため、「ビックリ箱」なる屈辱的な渾名も冠されている。

レオパルト2もM1エイブラムスも、ロシア製戦車の性能を凌ぐ。欧米製の戦車は、砲の部分に高性能の安定装置が取り付けられているため、たとえ高速で走行している最中であっても、命中率が落ちない。防護性も高い。

一方、「自称・平和国家」の日本は、「防衛装備移転三原則」に則り、戦車の供与はゼロ。ヘルメットや防弾チョッキなどを申し訳程度に送っていたが、さすがに欧米からの冷ややかな目に耐えられなくなったのか、自衛隊車両（トラックや資材運搬車）を一〇〇台規模で提供することになった。日本にしては大きな一歩とも言えるが、日本の「一国平和主義」は世界ではとかく評判が悪い。

日本がもし他国から侵攻された際、戦車がほしいと言っているのにヘルメットを送ってくる国があったとしたら……。日本という国は、世界から見ると往々にしてジョークのような国に映る。

●バックミラー　1

問い・なぜロシア軍の戦車には、バックミラーが付いているのか？
答え・追いついてくるウクライナのトラクターを確認するため。

●バックミラー　2

問い・なぜロシア軍の戦車には、バックミラーが付いているのか？
答え・それがあるからこそ、彼らは戦場を見ることができるのです。

●農村

ウクライナ東部のとある村。村長が言った。

「我が村は、今や世界で四番目の戦車保有数を誇る」

●鹵獲

ウクライナ政府の発表。

「鹵獲したロシア軍の戦車は、所得税の対象にはなりません」

【反転攻勢】

●ベンチ

戦争が続くロシアの首都モスクワのとある公園。二人のロシア兵が常に見張っているベンチがあった。一見、ごく普通のベンチである。疑問に思った地元の新聞記者が、兵士に聞いた。

「なぜ、そんな何の変哲もないベンチを守っているのですか？　実はとても大切な意味を持つベンチで、それをドローン攻撃から守っているとか？」

「いや、どうなんでしょう。私たちはただ、指揮官からそう命令されただけです」

記者は指揮官に会って聞いた。

「なぜ、あのベンチを守るよう命じたのですか?」

「前任の指揮官から、そう引き継いだだけです」

記者は前任の指揮官に会って聞いた。

「なぜ、あのベンチを守るよう命じたのですか?」

「前任の指揮官から、そう引き継いだだけです」

そんな取材がしばらく続いた。記者はようやく、六代も前の指揮官を見つけ出し、すでに退役しているその老人に聞いた。

「なぜ、あのベンチを守るよう命じたのですか?」

老人は驚いて、記者に聞き返した。

「あのベンチのペンキがまだ乾いていない?」

カホフカダム決壊

二〇二三年六月から、ウクライナの本格的な反攻作戦が始まった。しかし、思い通りにいかない場面も目立っている。

六月六日には、カホフカダムが決壊。ドニエプル川の下流域一帯で大規模な洪水が発生し、甚大な被害が発生した。その結果、ウクライナ軍はこの地域での進軍が困難に。ダムを決壊させたのは、ロシア側であったと考えられている。

まるで漫画か映画のような展開だが、実は日本の近代史の中に前例がある。

日中戦争下の昭和一三（一九三八）年六月、蔣介石率いる国民革命軍が、日本軍を「水攻め」にしようと黄河の堤防を爆破。氾濫により数百万人もの犠牲者が発生した。これが「黄河決壊事件」である。

この未曽有の人災に対し、救助活動を展開したのは日本軍だった。百数十艘もの筏を出して、住民を保護。さらに航空機から麻袋を投下し、土嚢をつくって、住民と共に防水作業に尽力した。アメリカの「ブルックリン・デーリー・イーグル」紙は、「日本軍が必死の救助活動をしている」（六月一六日付）と驚きをもって報じている。

それから八五年。人類は進歩したのか否か。

ウクライナ軍の攻撃が進展したのは、八月中旬頃。以降、ロシア軍の防衛ライン突破を目指して反転攻勢が続けられているが、膠着状態に陥っている戦線も少なくない。

ロシア軍はキーウへのミサイル攻撃を継続しているが、ウクライナ側の防空能力も向上し、そのレベルは今や「ヨーロッパ最高水準」とも言われる。欧米から供与された防空兵器の成果により、高い迎撃率を誇るようになったわけだが、それでもロシア軍は短距離巡航ミサイルや中距離ミサイル、極超音速ミサイルなど、様々な種類のミサイルをキーウに撃ち込んでいる。

●妙案

プーチンとバイデンがついに会談し、両者が抱える深刻な悩みについて話し合うことになった。プーチンが言った。

「私は一向に改善しないウクライナの戦況に悩んでいます。歩兵らは頑張っているのですが、思ったほど強くなく、進軍のペースは予定を大きく下回っています」

バイデンが言った。

「私はアメリカが銃社会であることに悩んでいます。先日も一人の犯人が引き起こした事件により、数十人もの犠牲者が出ました。我々は銃規制に真剣に取り組まなければなりません」

それを聞いたプーチンが、ニヤリと笑って言った。

「素晴らしい解決策が浮かびました。ロシアとアメリカの悩みを一挙に解決する妙案です」

バイデンが驚いて聞いた。

「なんですか、それは？」

プーチンが答えた。

「銃乱射事件の犯人らを、我が国に送ってください」

【中国の存在】

●同盟

問い・アメリカや日本で大人気の「ウィニー・ザ・プー（クマのプーさん）」。ロシアでのタイトルは？

答え・「ウィニー・ザ・プーチン（クマのプーチン）」。（解説・クマはロシアのシンボル的な動物。加えて、中国の習近平は「クマのプーさんに似ている」とからかわれている。緊密化する両国の関係が風刺されている）

中国がキーマンに

ロシアによるウクライナ侵略の幕がなかなか閉じない中、各国の思惑は激しく交錯している。中でも「キーマン」として存在感を増しているのが中国だ。

国際社会から経済制裁を受けるロシアだが、そんな同国に手を差し伸べているのが、自称「中立」の中国である。いくつもの「抜け穴」を提供していると言っていい。

二〇二三年三月には、習近平国家主席が訪露してプーチンと会談。両者は二国間関係の協力強化について話し合ったとされる。

五月二三日には、ロシアのミシュスチン首相が、中国を訪問。翌二四日に北京で習近平と会談し、エネルギー分野での経済協力を深めることなどで合意した。両国は連携を深めながら、欧米の動きを強く牽制している。

一〇月一八日、プーチンがついに北京を訪れ、習近平と首脳会談。お互いに「友人」と呼び合い、両国の結束を強調する発言が相次いだ。

真の友人なら、結束などわざわざ強調しないと思うが。

●三者協議

プーチンとゼレンスキーが、習近平に招かれて北京で会談した。三人は停戦について協議を始めた。

するると突然、彼らの前に妖精が現れた。妖精は言った。

「停戦について話し合うようね。そんな三人に私からプレゼントをあげましょう。一人ひとつずつ、なんでも望みを叶えてあげます」

まずゼレンスキーが言った。

「ロシア軍の壊滅を願う」

続いてプーチンが言った。

「ウクライナ軍とNATO軍の壊滅を願う」

習近平は何も言わなかった。妖精が不思議に思って聞いた。
「あなたはどうして望みを言わないの？」
習近平が言った。
「いや、別に。二人の望みがしっかり叶ってくれればそれでいい」

中国が「漁夫の利」？

ロシア軍の武器において、中国製の部品が供給されている割合が増えているという報告がある。さらに、ロシア軍が中国製の弾薬を使用しているとアメリカ政府当局者は明らかにしている。第三国を経由して流れ込んだ可能性も考えられるだろう。

中国は「仲介者」の役を演じようと見せながら、「戦後」を見据えてしたたかに動いている。中国側にはロシアを巨大経済圏構想「一帯一路」に組みこもうとする意向も垣間見られる。

残念ながら、中国が公正な仲介者であるはずがない。中国はロシアに「手を差し伸べている」というよりも、自国の利益のために「操ろうとしている」といったほうが適切であろう。

この戦争を通じて、中国が「漁夫の利」を得るような展開は避けなければならない。「漁夫の利」という言葉は、まさに中国の古典『戦国策・燕策《えんさく》』が出典である。

もしも妖精がいるのなら、習近平の願いではなく、多くの民草《たみくさ》の願いを叶えてほしいものである。

●中国軍の進軍

ウクライナの農民が、畑で小さな瓶を見つけた。すると突然、中から妖精が現れて言った。

「一年に一つ、なんでも願いを叶えてあげましょう。まず一つ目は何がいいですか?」

「では、中国軍がウクライナまで進軍するようにしてください」

「それでいいのですか?」

「はい」

「わかりました。願いを叶えましょう」

中国軍はウクライナまで進軍した。

翌年。再び妖精が現れて言った。

「では二つ目の願いを叶えてあげましょう。何がいいですか?」

「では、中国軍が再びウクライナまで進軍するようにしてください」

「それでいいのですか？」

「はい」

「わかりました。願いを叶えましょう」

中国軍は再びウクライナまで進軍した。

さらに翌年。三たび妖精が現れて言った。

「では三つ目の願いを叶えてあげましょう。何がいいですか？」

「では、中国軍が三たびウクライナまで進軍するようにしてください」

「わかりました。願いを叶えましょう」

中国軍は三たびウクライナまで進軍した。妖精は農民に聞いた。

「しかし、なぜあなたは毎年、このような願いにするのですか？」

農民はニヤリと笑って答えた。

「ウクライナまで三度も進軍したということは、中国軍はロシアを六度も通ったということですからね」

【プーチンの憂鬱】

●叫び

モスクワの街角で、一人の男が叫んだ。

「大統領の大馬鹿野郎！」

すると、すぐさま警察官が駆けつけてきて、男は逮捕されてしまった。男が言った。

「俺が何をしたって言うんだ！」

「プーチン大統領への侮辱は許されない！」

男は笑って言った。

「おいおい、俺はゼレンスキーのことを言ったんだぜ？　なぜそんな勘違いを？」

影武者疑惑

終わりの見えないロシア・ウクライナ戦争。プーチンとしては、

（こんなはずではなかった）

というのが正直なところか。

神出鬼没の世界的アーティストであるバンクシーは二〇二二年一一月、ウクライナを訪れて瓦礫の壁に作品を描いている。小さな子どもが柔道着を着た大人を投げ飛ばしている絵などである。子どもはウクライナ、大人は柔道家であるプーチンを表していると思われる。

二〇二三年三月には、オランダ・ハーグの国際刑事裁判所（ICC）が、プーチンに逮捕状を出した。「ロシアが占領地の子どもを自国に連れ去った行為は、戦争犯罪にあたる疑いがある」というのがその理由である。ただし、ロシアはICCに加盟していないため、プーチンの身柄が拘束される可能性は低い。この逮捕状発付の判断に携わった裁判官三名の内の一人は、日本人の赤根智子《あかねともこ》さんである。

同年五月三日の未明には、クレムリンへのドローン攻撃が試みられた。ドローンは上空で爆発したが、その様子を映した動画は世界中に拡散された。クレムリンはそもそも「城塞」という意味。そんなクレムリンが攻撃を受けたのは、第二次世界大戦以降、初めてのことであった。

さらには「プーチン暗殺計画」もあるとかないとか。元KGBのプーチンは、暗殺者たちの巧妙さと残虐さを知っているだけに、戦々恐々としているのではないか。

かつてのプーチンは、国民からの要望や質問に直接答えるテレビ番組「国民対話」で、カンペを見ることもなく、経済や安全保障といった幅広い話題に柔軟に答えるほどの高度なコミュニケーション能力を見せていた。しかし最近では、表情や言葉に以前ほどの覇気がなくなったように映る。まるで別人のように。

一方のゼレンスキーは、コメディアン時代とは大きく異なり、すっかり指導者の顔になってきたように見える。やはり、また別人のように。

別人と言えば、プーチンには本当の別人疑惑も。プーチンには数名の影武者がいるという指摘であるが、映像などを検証するとあながち偽情報とも言い切れない。もちろん、いささか映画じみた話だが、これまで多くの独裁者が自分と瓜二つの影武者を用意していたというのも、歴史の興味深き一つの側面である。

●影武者

プーチンの影武者たちがクレムリンの一室に集められた。プーチンの側近が言った。

「悪いニュースがある。前線を視察していたプーチン大統領の乗ったクルマが、空爆に見舞われた」

「なんですと！」

「しかし、良いニュースだ。大統領の命に別状はない。大統領は戦意を失うことなく、これまで通り周囲に指示を与えている」

「それは良かった。さすがは大統領！」

「しかし、もう一つ悪いニュースがある」

「なんですか？」

側近が言った。

「みんなにはすまないと思っている。大統領は片腕を失った」

●恐怖

問い・プーチンがクレムリンのパソコンをすべてＭａｃに変えるよう命じた。なぜ？

答え・Ｗｉｎｄｏｗｓ（窓）に近づくのが怖いため。

●疲れ

長引くウクライナ戦争の中、一人の将軍がプーチンに呼ばれ、クレムリン内の大統領執務室に入った。執務室ではプーチンが椅子に座り、テーブルに目を落とし、涙を流していた。将軍が驚いて聞いた。

「どうされたのですか、大統領閣下！」

プーチンが答えた。

「朝からこのジグソーパズルに取り組んでいるのだが、ちょっと難しくてね。どうしてもうまくいかないんだ」

将軍が言った。

「閣下、少しお疲れなのでしょう。疲労が溜まれば、認識や判断が鈍ることなど、誰でもありますよ。大丈夫、ちょっと休めばすべてうまくいきます」

プーチンは少し微笑み、一つ頷いて言った。

「そうだな。わかった。良い助言をありがとう。少し休むことにしよう」

将軍が言った。

「わかっていただき光栄です。それではまず、そのコーンフレークを箱に戻しましょうか」

●侵略

プーチンが地方への視察の旅に出た。ある日、プーチンはその村で一番と言われる美女と知り合った。プーチンはその美女を自分が宿泊しているホテルに誘った。その美女は富と権力に弱いタイプだったので、プーチンの誘いに喜んで乗った。

静かな部屋で、二人は身体を寄せ合った。美女が言った。

「私がウクライナになります。思い通りに侵略してくださいな」

二人は服を脱ぎ始めた。しかし、プーチンは途中でやめた。

残念ながら、彼の古い装備では、侵略は叶わなかったのである。

●犠牲

問い・キリスト教とロシアの違いとは？

答え・キリスト教では一人が万人のために犠牲になった。しかし、ロシアでは万人が一人のために犠牲になる。

【プリゴジン】

●時差

プーチンが大臣らと会議をしていた。内務大臣が言った。

「世界一巨大な我がロシアには、同じ国にもかかわらず実に一〇時間もの時差が存在します。これはとても不便です。廃止したほうが良いのではないでしょうか？」

プーチンが聞いた。

「そんなに不便かね？」

「ええ。先日、モスクワから極東のウラジオストクへ行った時、自宅の家族に電話をかけたのですが、時差のせいでみんなを起こしてしまいました」

すると外務大臣が言った。

「私も先日、アメリカに新年の挨拶の電話をしたところ、『新年は明日だ』と言われてしまいました」

それらの話を聞いていたプーチンが言った。

「そう言えば私も先日、プリゴジンが飛行機事故で亡くなった日、お悔やみの電話を入れたのだが、まだ飛行機は離陸さえしていなかったよ」

プリゴジンとの関係

エフゲニー・プリゴジンは、ロシアの民間軍事会社「ワグネル」を率いた人物。ソ連崩壊後の混乱の中、プリゴジンはサンクトペテルブルクでケータリング業を創業。この時、市庁にいたプーチンと知り合ったとされる。

その後、プーチンの出世と共に階段を駆け上がり、クレムリンでのケータリングを請け負ったり、ひいては軍の糧食の配給を任されるようにまでなった。

そんなプリゴジンが次に手がけたのが、傭兵業であった。プリゴジンはまさにプーチンの腹心であり、懐刀の一人であった。中東やアフリカで、多くの戦争犯罪に手を染めたとも言われる。

ウクライナ侵攻後、ワグネルはウクライナ東部のバフムトなどを占領。プリゴジンはロシア国内において「国家の英雄」と称されるに至った。

そんなプリゴジンだったが、戦争が長引くにつれ、プーチン政権との関係性が悪化。戦争自体に関しても、声高に批判するようになった。プリゴジンは「戦争は偽りの口実で開始された」「ロシア政府の高官たちは腐敗し無能」とまで言い切った。そして、プーチンを指して「何も知らないおじいちゃんは蚊帳の外に置かれている」と口にした。

二〇二三年六月二三日、プリゴジンは武装反乱事件を引き起こした。プリゴジンはワグネルの戦闘員らと共に「正義の行進」と称し、モスクワを目指して行軍。しかし、その後、ベラルーシのルカシェンコ大統領の仲介により、進軍をやめて撤収した。ルカシェンコはプリゴジンに、

「(そのまま進軍すれば)途中で虫けらのように潰されるだけだ」

と言って説得し、ベラルーシへの亡命を勧めたという。プリゴジンはそれに従った。

結局、わずか二日で終息したものの、この事件が国内外へ与えた衝撃は大きかった。プリゴジンとしては、ワグネルの正規軍への編入を阻止することが目的だったのではないかとされる。

世界がさらに驚愕したのは八月二三日。すでにロシアに戻っていたプリゴジンの乗った航空機が墜落し、彼はあえなく不慮の死を遂げた。機内に爆発物が仕掛けられていた可能性が指摘されている。

この「怪死」について、アメリカ・ホワイトハウスのジャンピエール報道官は、こうコメントした。

「クレムリンには反対勢力を殺害してきた長い歴史があるというのは、周知の事実だ」

ただし、ロシア国内には「プリゴジンは死んでいない。まだ生きている」などと考える人がいまだ一定数いるという。

●代表的存在

問い・ワーナーブラザースと言えば、アメリカのエンターテインメントを支える代表的存在だが、ロシアのエンターテインメントを支える代表的存在とは？

答え・ワグネル・ブラザース。

【核兵器】

●理由

ゼレンスキーがバイデンに聞いた。

「なぜ、アメリカはイラクを攻撃したのですか?」

バイデンが答えた。

「イラクが核を持っている疑いがあったからです」

ゼレンスキーが続けて聞いた。

「ではなぜ、アメリカはロシアを攻撃しないのですか?」

バイデンが答えた。

「ロシアが核を持っているからです」

世界一の核保有国

核の力を誇示しながら、戦争を続けるプーチン政権。核兵器の使用をほのめかすことで、NATO諸国からの大規模な軍事介入や兵器供与に一定のブレーキをかけさせている。

二〇二二年の時点で、ロシアが保有する核弾頭の総数は、五九七七発(ストックホルム国際平和研究所の調べ)。世界一の核保有国である。

二位はアメリカで五四二八発、三位が中国で三五〇発。以下、四位がフランスで二九〇発、五位がイギリスで二二五発という順位になっている。

アメリカのバイデン大統領は、ロシアが核兵器を使用する可能性について、

「プーチン氏が戦術核を使うことを懸念している」

と述べ、核の危険性について、

「現実のものだ」

と語っている。

戦術核とは、戦略核と対比して位置づけられる核兵器のこと。敵の戦争遂行能力を壊滅することを目的とする戦略核に対し、敵の戦闘部隊への攻撃など、局地的に使用される可能性のある核兵器が戦術核である。ロシアは戦術核を一九〇〇発ほど所有しているとされる（『Bulletin of the Atomic Scientists』）。

ウクライナとの戦争により、ロシア軍は通常戦力を大きく消耗しているが、その分、戦術核の使用に傾く誘惑は強くなるとも分析されている。

二〇二三年九月には、プーチンと北朝鮮の金正恩がロシア極東で会談。金正恩はウクライナ侵攻を念頭に、

「すべての決定を支持する」

とプーチンを持ち上げた。プーチンは北朝鮮側に武器の供与を求めたとされる。両国関係

の緊密化は、北朝鮮の核開発にも影響を与えていくかもしれない。

それにしても、金正恩にまで支援を頼むとは、溺れる者は藁をも摑むか。藁にしてはかなり太め。共に沈むのではないか。

●原子爆弾

プーチンと金正恩が、核兵器に関する協力体制を構築していくことで合意した。「リトルボーイ」と「ファットマン」の合意である（解説・「リトルボーイ」は広島に投下された原子爆弾のコードネーム。このジョークでは小柄なプーチンを指している。「ファットマン（太った男）」は長崎に投下された原子爆弾のコードネーム。誰を指しているかは説明不要であろう）。

核のカバン

プーチンの近くには、核兵器の発射を命令するためのブリーフケースが常にある。俗称は「核のカバン」。中身の詳細は不明だが、核発射のためのボタンがあるわけではなく、発射指令を軍司令部に送るためのシステムだと推察されている。

このブリーフケースは「チェゲト」というコードネームで呼ばれる。チェゲトとは、カフカス山脈の山の名前。チェゲトの使用には大統領だけでなく、国防相と参謀総長も関わっているとされ、発射のためには三人、もしくは二人の操作が必要だと考えられている。

プーチンはすでに、ロシアの戦術核が隣国のベラルーシの領内にも配備されていることを認めている。

一方のウクライナはもともと、ソ連解体後に大量の核兵器を継承していたが、核拡散防止条約（NPT）に加盟し、それらを放棄した。こうした流れを受けて、一九九四年、アメリカ、イギリス、ロシアという核保有三カ国が、「ブダペスト覚書」によって、ウクライナの安全を保障した。

それが、今の有り様である。なんとも厳しい「世界史の教訓」。まったくジョークにもならない。

●チェゲト

エリツィンから「チェゲト」を受け取ったプーチン。さすがのプーチンも、思わず青ざめた表情を浮かべた。するとエリツィンが言った。

「そんなに緊張する必要はない。大丈夫。壊れているから」

●G

核戦争が起きたら、生き残れるのはゴキブリだけだと言われている。すなわち、プーチン政権の政府機能はそのままということである。

【終戦と戦後】

●国債

ロシアの田舎町で暮らす一人の農夫が、ウクライナとの戦争のための国債を一万ルーブル購入するよう、役人から勧誘された。後日、農夫が友人に言った。

「役人に『この国債は本当に大丈夫なのでしょうか?』と聞いたら、『もちろんだ。それはプーチン政権が保証する』と言うんだ。でも、やっぱり心配だよ。もしもプーチン政権が倒れたら、私のお金はどうなってしまうのだろう?」

友人が言った。

「それなら、一万ルーブルくらい安いものじゃないか」

NATOの拡大

二〇二三年五月四日、オランダ・ハーグの国際刑事裁判所（ICC）を訪れたゼレンスキー大統領は、こう演説した。

「我々は皆、犯罪行為で処罰されるのにふさわしい、別の『ウラジーミル』をここ国際法の首都、ハーグで見たいと思っている」

これはプーチンが自分と同名であることをネタにしたジョーク。「ロシアに勝利し、プーチンをここに連れてくる」という意志の表明である。

ウクライナはNATOとの距離を縮めている。そもそもロシアがウクライナに侵攻した理由の一つには、ウクライナのNATO入りを阻みたいという目的があった。プーチンは西欧諸国と関係を深めるウクライナを「ロシアの脅威」と見なしていた。そんな中で決断されたウクライナ侵攻だったが、結局、その行為は全く逆の効果を招いている。

NATOは元来、「ロシアとの協力関係を望む」という立場だったが、今やロシアは「敵国」の扱い。加えて、それまで中立だったフィンランドがNATOに加盟。スウェーデンも加盟申請中（二〇二四年一月時点）である。

ＮＡＴＯの拡大を恐れていたロシア。多大な兵とカネを使い、国際的な信用を失ってまで断行した侵攻で、ロシアが得たものとは何だったのか。

しかし、戦争は尚も続いている。欧米の「支援疲れ」も色濃くなっている。

二〇二三年九月、ロシア人コメディアンがイタリアのメローニ首相に偽電話。アフリカ連合の高官を装っての電話だったが、すっかり騙されたメローニはウクライナ情勢に関して、

「みんな疲れている」

と本音を漏らしてしまった。

一〇月五日、プーチンはロシア南部のソチで催されたバルダイ会議の席上、「新しい世界秩序」という言葉を持ち出し、ウクライナ侵攻の目的を「欧米諸国が覇権を握る現在の国際秩序を巡る戦い」にすり替える持論を展開した。

同月七日には、イスラム組織「ハマス」のテロ攻撃によって中東情勢が一挙に緊迫化。このシナリオの変化をプーチンはどう見ているか。ハマスともイスラエルとも太いパイプを持つプーチンは、この流れを「新しい世界秩序」に組み込むための策を練っているだろう。

しかし、彼にとってのハッピーエンドが訪れていいはずがない。

●刑

執務室にいたプーチンは、思わしくない戦況について悩んでいた。プーチンは壁に掛けられた自身の肖像画を見つめた。彼は思わず肖像画に語りかけた。

「もし、この戦争に負けたら、俺はどうなるんだろうな」

するとと肖像画が喋り出した。

「簡単なことですよ」

プーチンが驚いて聞いた。

「どういうことだ？」

肖像画が答えた。

「私は吊るされなくなり、あなたは吊るされるでしょう」

●降伏

クレムリンの執務室でプーチンが寝ていると突然、側近に起こされた。時間は夜中の二時だった。プーチンが言った。

「いったい、何の用だ？」

「すいません、大統領。ウクライナ人らが降伏について協議したいとのことでしたので」

「ほう、それは良かった。ようやく彼らも諦めたようだな。よし、すぐに協議に応じよう。電話を持ってこい」

「その必要はないようです」

「どういう意味だ？」

側近が答えた。

「隣の部屋で返答を待っています」

●非存在

ロシア国旗の意味。

白色・シベリアに広がる壮大な雪原
青色・世界で最も深いバイカル湖の湖面
赤色・国民が愛する名物料理・ボルシチ
黄色・ウクライナ戦争での勝利

●墓

プーチンがゼレンスキーに電話で言った。

「もし私が死んだら、あなたは私の墓に小便をかけにくるだろうね」

ゼレンスキーが答えた。

「いや、そんなことはしませんよ」

プーチンが驚いて聞いた。

「なぜ?」

ゼレンスキーが答えた。

「行列に並ぶのは好きじゃありません」

●戦後の評価

プーチンがモスクワの小学校を視察に訪れた。校長がプーチンに言った。

「我が校はとても優秀な生徒たちばかりです。中でもこのイワンは最も優秀で、他の生徒より何年も先に進んでいます」

プーチンは早速、イワンに話しかけた。

「最も偉大な世界的文豪と言えば？」

「レフ・トルストイです」

「人類初の有人宇宙旅行に成功したのは？」

「ガガーリン大佐です」

「では、我がロシアにとって最大の敵とは？」

イワンはしばらく考えてから言った。

「それはプーチン大統領です」

プーチンは真っ赤になって激怒し、校長に怒鳴った。

「これはどういうことだ！　教育がなっておらん！」

校長が答えた。

「ええ、ですから最初に申し上げた通りです。この子は何年も先に進んでいますので」

●一年後の世界

クレムリンが空爆され、プーチンは意識を失った。意識が戻ったのは、実に一年後のことであった。

体調の回復したプーチンは、モスクワの様子を確認しようと、変装して街に出た。プーチンはバーに入り、バーテンダーにさりげなく聞いた。

「クリミアは私たちのものですか？」

「ええ、もちろん」

「ドンバスは？」

「無論、私たちのものですよ」

プーチンは安心して笑みを浮かべた。満足したプーチンはウォッカを飲み干し、バーテンダーに聞いた。

「いくらになるかね？」

バーテンダーが言った。

「一〇ユーロになります」

●最期

問い・プーチンとヒトラーの違いとは？
答え・ヒトラーは自殺するタイミングを知っていた。

●世界史

西暦四〇五二年。子どもがおじいちゃんに言った。

「学校の宿題で、第三六次世界大戦の時の話を聞いてこいって」

第3章

プーチンとは何者なのか？

【生い立ち】

●喧嘩

クレムリンの会議室にプーチンが入ってきたが、その顔はアザだらけだった。側近が驚いて聞いた。

「どうされたのですか、大統領！」

「ああ、文化省の次官と喧嘩になってな」

「大統領、勘弁してください。いったい何をされているのですか。あんな次官など、だらしなく、つまらない男です。喧嘩する価値もない人物ですよ」

プーチンが答えた。

「それ以上、言うな。死者を冒瀆するような言葉は慎め」

柔道に夢中になった少年

世界のジョーク界の主役となったプーチン。しかし、その細かな経歴は深い霧に包まれている。

プーチンはレニングラード（現・サンクトペテルブルク）の生まれ。祖父はレーニンやスターリンに仕えた宮廷料理人だったとされる。

父親は機械技師だったが、第二次世界大戦中は秘密警察のＮＫＶＤ（内務人民委員部）に所属。プーチンはこの父親から強い影響を受けたと考えられる。

一家の暮らし向きは決して豊かではなかったと伝わる。学生時代の友人の証言によれば、小柄なプーチンは「不愛想」で「怖いもの知らず」だったとのこと。プーチン自身は「学校嫌いの不良だった」と振り返っている。

そんなプーチンが夢中になったのが柔道だった。柔道の精神に触れたことで「非行に走らなかった」とされる。気になるその腕前だが、国内のジュニア選手権で三位になったことがあるという。

二〇〇〇年、日ロ首脳会談のために来日した際には、文化交流の一環として小学生の柔道の稽古に参加。一〇歳の女の子に見事に投げられ、きれいな受け身を披露した。

二〇一二年には、北方領土問題に関する日本との交渉の場において、「引き分け」という柔道の表現を使用。日本側を困惑させた。

そんなプーチンも、今回のウクライナ侵攻でついに柔道界をも敵に回した。国際柔道連盟はプーチンが持っていた名誉会長職を停止。全日本柔道連盟会長（当時）の山下泰裕氏はウクライナ侵攻に関して「柔道の精神に反する」という内容の声明を発表した。

「引き分け」とはいきそうにない。

●罪

問い・世界史において、最大の罪深き人物とは？

答え・プーチンの祖父で宮廷料理人だったスピリドン・プーチン。なぜなら、レーニンやスターリンを毒殺することもなく、さらにはプーチンの誕生にも関与したのだから。

KGBで暗躍

プーチンは一〇代の頃から、情報機関であるKGBへの憧れを募らせた。その理由は「ゾルゲの映画を観てスパイに憧れたから」。ゾルゲとは第二次世界大戦中、日本で諜報活動を行ったスパイである。先の柔道といい、プーチンの人生には日本の影が要所要所でチラつく。

レニングラード大学の法学部を卒業したプーチンは、念願のＫＧＢに入省。以降、諜報員として暗躍した。レニングラードで防諜活動に従事した後、冷戦下の東ドイツに派遣され、ドレスデンにある連絡事務所に勤務した。ドイツ語はペラペラ。東ドイツでの生活は忙しくも充実したものだったらしく、「ドイツビールのせいで、一二キロも太った」という。

しかし、プーチンは東ドイツの崩壊を目の前で目撃する。権力が崩壊するさまを目の当たりにした経験は、その後の彼の行動に多大な影響を与えた。

結局、ＫＧＢでの勤務は一六年間に及んだ。最終的な階級は中佐。決して出世の早いほうではなかった。このことは、彼の中でコンプレックスになっているかもしれない。

プーチンは今も歩く際、右腕の振り幅が左腕よりも小さい。これは「銃を素早く抜くための歩き方」。ＫＧＢ時代に徹底的に叩き込まれたのだろう。

【大統領時代】

政界へ

東ドイツから故郷のサンクトペテルブルクに戻ったプーチンは、しばらく不安定な生活を送った。大学に勤務したり、タクシーの運転手をしていた時期もあったという。東ドイツで増えた体重は、すぐに元に戻った。ロシアのビールが美味しくなかったのがその一因か。

その後、大学時代の恩師であるアナトリー・サプチャークがサンクトペテルブルクの市長に就任したが、プーチンは彼によって副市長に登用された。時はソ連崩壊期。混乱の時代に政治の世界へ足を踏み入れた。

プーチンはエリツィン政権で次第に頭角を現し、連邦保安庁長官、連邦安全保障会議事務局長といった要職を歴任。「トントン拍子」の出世の要因は、漲る才覚か、それとも秘密の工作か。

ただし、この時期においても、国外ではほぼ無名の存在だった。一九九九年八月、プーチンが首相に就任した際、世界の多くの人々が、

（プーチンって誰？）

と思った。

そんな存在感の薄かったプーチンが、「世界のジョーク界の主役」にまで成長（失墜？）するとは、当時は誰も思わなかったのである。

●三つの可能性

問い・裸でハリネズミの上に座ることは可能だろうか？

答え・可能。それには三つの場合が考えられる。

　第一・臀部があなたのものではない場合。

　第二・ハリネズミが全身を剃っている場合。

　第三・プーチンに命令された場合。

大統領就任

首相就任からまだ間もない一九九九年八月末から九月にかけて、モスクワなど国内三都市で連続爆破事件が発生。計三〇〇名近い犠牲者が出たが、プーチンは「チェチェン独立派武装勢力によるテロ」と断定し、「チェチェンの悪党どもを便所でぶちのめす」と強い口調で述べた。日本では考えられない激しい言い回しである。日本の首相なら「極めて遺憾」が関の山か。

二〇〇〇年三月、プーチンは大統領選挙に出馬して勝利。「ソ連の歴史的偉大さ」や「ロシア人の誇り」、「強いロシアの復活」などを強調して摑んだ勝利であった。

プーチンは「大国への復帰」という言葉をよく口にした。そんな彼をロシア国民は強く支持した。

以後、プーチンは政権内での権力をより固めるため、KGB時代の同僚を呼び集めた。

外交では、旧西側諸国と積極的に会談の場を設けた。だが、かなりの「遅刻魔」で、その被害者の中にはドイツのメルケル首相やイギリスのエリザベス女王、さらにはローマ教皇まで含まれる。日本の安倍晋三首相も二時間半ほど待たされたことがある。

経済の面では、原油価格の高騰といった追い風もあり、順調な成長を実現した。旧ソ連時代の債務も完済した。

ロシア国内では、プーチンを賞賛する「プーチンみたいな彼」というポップソングが大ヒット。「強くて、お酒に溺れず、私を怒らせず、逃げ出さないプーチンみたいな彼（が欲しい）」といった歌詞である。

しかし、今に至るその後の経緯を考えれば、その「彼」とは実はとんでもない「DV彼氏」だったのである。

●ウサギの苦悩

プーチン政権下のロシアから、一羽のウサギがカザフスタンまで逃げてきた。カザフスタンのウサギが、その理由を聞いた。ロシアのウサギが言った。

「とにかくひどい話で。最近、新しい法律ができたんです。それが『動物の足は四本あれば充分。五本目からは切り落とす』というんですよ。足が五本以上あるのは贅沢だというんです」

それを聞いたカザフスタンのウサギが不思議に思って聞いた。

「でも、君の足は四本じゃないか。問題ないのでは？」

ロシアのウサギがため息をつきながら答えた。

「そうじゃないんです。なにせ、すべての足を切ってから並べて数えるんですから」

相次ぐ「不可思議な死」

プーチン政権下においては、ミステリー小説も真っ青の「不可思議な死」が相次ぐ。

タブロイド紙「ノーヴァヤ・ガゼータ」の記者で、プーチン政権に批判的だったアンナ・ポリトコフスカヤは二〇〇六年一〇月、自宅アパートのエレベーター内で射殺された。

プーチンと激しく対立していた元情報将校アレクサンドル・リトビネンコは同年一一月、亡命先のイギリスで突然の中毒死。遺体からは放射性物質ポロニウム210が検出された。

二〇一五年二月、野党指導者のボリス・ネムツォフは、モスクワ川に架かる橋を歩いていた際、背中から銃撃され死亡した。

イギリスに亡命していた元情報将校セルゲイ・スクリパリとその娘は二〇一八年、有毒神経剤ノビチョクを使った襲撃に見舞われた。親子の命は辛うじて助かったが、ノビチョクというのは冷戦期にソ連で開発された毒物である。

二〇二〇年八月には、反プーチンを掲げる政治家のアレクセイ・ナワリヌイが、モスクワに向かう旅客機に搭乗していた際、突如として意識不明の重体に。こちらもノビチョクが使用されたと言われている。結局、ナワリヌイは一命を取り留めたが、その後、ロシア当局によって身柄を拘束。二〇二二年三月、詐欺罪などで有罪とされ、懲役九年の刑が言い渡された。さらに二〇二三年八月には過激派団体を創設したとして懲役一九年が告げられた。

以上のような事件の数々は、政権が関与しているのか、それとも単なるマフィア絡みなのか、詳細は不明である。いずれにせよ、これらの事件を踏まえて先のウサギのジョークに戻ると、「結局どうしたって足を切られる」というウサギの苦悩が、あながち寓話に思えなくなってくる。

●プーチンのプレゼント

問い・プーチンがプレゼントするチョコレートとは？
答え・ノビチョコレート

●アレルギー

クレムリンを訪問した某国の首脳。プーチンから紅茶を勧められたが、彼はこう言って断った。
「いや、結構です。私は毒物アレルギーですので」

●事件

プーチン政権に批判的だった大学教授が、自宅で亡くなった。彼の身体は実に一四発もの銃弾で撃ち抜かれていた。FSB（ロシア連邦保安庁）は以下のような声明を出した。

「これはロシア史上、極めて稀なほどの痛ましい自殺事件です」

●失血

プーチンが国民に向けて演説していた。

「私は皆さまのため、自分の血を一滴一滴、流す決意がある」

国民は心の中で思った。

（一滴一滴じゃなければいいのに）

コロナとプーチン

二〇〇八年八月、グルジア（現・ジョージア）軍と南オセチア軍の衝突にロシア軍が軍事介入。戦争へと発展した（南オセチア戦争）。北京オリンピックの開会式が行われている最中の出来事であった。

二〇一四年にはウクライナ南部のクリミア半島に侵攻。ロシアに併合した。一九五四年までクリミアはロシア領であり、ロシア系住民が多く暮らす地域であったのは事実であるが、武力による現状変更というカードを切ったことで、ロシアと自由主義諸国との関係悪化は避けられない状況となった。

ただし、このクリミア併合により、ロシア国内でのプーチン政権の支持率は上昇。このクリミア侵攻が、現在のロシア・ウクライナ戦争の「序章」であったことは、今や周知の事実である。

続く二〇一五年には中東のシリアにも軍事介入した。

以上のように強硬な対外姿勢を崩さないプーチンだったが、その後のコロナ禍においては、他人との接触を極力避け、隔離生活を徹底。アメリカのトランプ大統領がコロナに感染した際には、以下のような電報をホワイトハウスに向けて皮肉たっぷりに送った。

「あなたの持つ活力や快活さ、楽観主義が、この危険なウイルスに打ち勝つ助けになると確信している」

プーチンはコロナ禍において、その後も表舞台から姿を消した。そんな日々の中で妄想を膨らませたことが、ウクライナ侵略の土壌になったとも言われる。バイデン政権内でロシア通として知られるバーンズ中央情報局（CIA）長官は、米議会で次のように証言している。

「（プーチンは）病気ではなく、コロナ禍で引きこもり、側近の輪をどんどん小さくした。不満と野心、苛立ちを強め、深い個人的な信念に基づいて、ウクライナを支配しようと決断した」

●収集

プーチンが側近に言った。

「最近の私の趣味は、私に関するジョークを集めることだ」

「どれくらい集まりましたか？」

プーチンが答えた。

「強制収容所、二個半くらいかな」

●忠誠心

プーチンが訪米し、バイデン大統領と会談した。舞台は国連の本部ビルの最上階だった。

休憩中、二人はそれぞれの側近の忠誠心を試してみようということになった。はじめにバイデンが自身の側近の一人に言った。

「おい、そこの窓から飛び降りろ」

すると部下は泣きながら言った。

「勘弁してください。私には妻も子どももいるのです」

バイデンは笑って答えた。

「冗談だよ。すまなかったな」

続いてプーチンが自身の側近の一人に言った。

「おい、そこの窓から飛び降りろ」

するとその側近は、泣きながら窓に向かって近づいていった。バイデンが驚いて言った。

「本気にする奴がいるか！　こんな所から飛び降りたら死ぬぞ」

それを聞いた彼は叫んだ。

「止めないでください！」

彼は続けた。

「私には妻も子どももいるのです！」

●アルバイト店員

モスクワ郊外の小さなカフェで、新たなアルバイト店員が働き始めた。それは小柄な一人の老人だった。

彼の働きぶりは決して悪くなかった。仕事はしっかりとこなすし、無駄口を叩いたり、サボったりもしない。

ただし、遅刻が多かった。カフェは朝が最も忙しいのだが、週に何度も遅れてやってくる。これではいけないと、店長が注意した。

「おじいさん、私はあなたの仕事ぶりを気に入っています。いつもよくやってくれている。ただ、遅刻が多いのはいけない。店として困るんです。わかりますよね」

「ええ。わかります」

「前の仕事の時にも、遅刻は多かったのですか？」

「そうですね」

「その時には、注意されなかったのですか？」

老人は答えた。

「よく注意されました。『しっかりしてくださいね、大統領』と」

【選挙】

●女性大統領

プーチンが国民との対話集会に臨んだ。一人の女性がプーチンに聞いた。

「ロシアでは、女性が大統領になれるでしょうか？」

プーチンは顔色ひとつ変えずに答えた。

「それは無理だろう。なぜなら、私は性転換するつもりはないから」

有権者数を超えた投票率

二〇一一年に行われたロシア下院選では、モルドヴィアという地域でなんと投票率が一〇〇パーセントを超えて一〇四パーセントに。ロシアでは偽造投票が横行しているが、さすがに呆れた事態となった。

ロシアで使用される投票箱は無色透明。しかし、投票口が極端に狭いため、投票用紙を折って入れることはできない。さらには、選挙管理員が投票箱の真横に座る。野党候補には入れづらい。

二〇二三年九月に行われた統一地方選では、政権与党である「統一ロシア」が圧勝。この選挙は、ロシアが一方的に併合を宣言したドネツクやルガンスクなど、ウクライナ四州でも実施された。

ヨーロッパの主要人権団体「欧州評議会」は、この選挙を「明確な国際法違反」と指摘。その他、「有力な野党候補への出馬阻止」「野党候補の拘束」といった事件も起きているとされる。

このような批判に対し、ロシア政府は「プーチン大統領は国内で群を抜いて人気がある」との見解を示した。

次の選挙は二〇二四年三月。二〇二〇年に行われた憲法の改正によって、「任期は最長二期一二年（一期六年）」となったが、同時に「これまでの任期は適用外」とも決まったため、プーチンの再出馬が可能となった。次の選挙で当選すれば、プーチンは二〇三六年までの続投が可能となる。プーチンは現在（二〇二四年一月時点）、七一歳だから、その時の年齢は八三歳である。

目指すところは「終身大統領」か。

●実施困難

ロシアではこれから向こう一〇年間、選挙の実施が困難な状況になってしまった。内務省に泥棒が入り、今後一〇年間の選挙結果を記した書類が盗まれてしまったから。

●必勝

プーチンが死んで、ついに地獄へと落ちた。地獄の悪魔が、プーチンにこう言った。

「地獄に落ちた者は、まず私と勝負することになっている。勝負の方法はそちらが決めていい。殴り合いの喧嘩でも、拳銃の早撃ちでも、トランプのポーカーでも。ロシアンルーレットだって、あるいは君の得意な柔道だって構わない」

悪魔が笑いながら続けた。

「しかし、これまでに誰一人、私に勝った者はいない。もしも勝てば天国行きだ。さあ、勝負方法を決めな」

そう言った悪魔が、急に神妙な顔つきに転じて続けた。

「ただし、選挙はダメだ。選挙だけはな」

●保障

プーチンが声高に言った。

「我が国では、投票の自由が完全に保障されている」

新聞記者が聞いた。

「投票後の自由は保障されているでしょうか？」

●選挙結果を受けて

ロシアで大統領選挙が行われ、プーチンが得票率八二パーセントで当選した。今後の数週間で、人口が一八パーセントほど減少するだろう。

第4章
ソ連という壮大なるジョーク

【レーニン】

●定義

問い1・共産主義者とは?
答え1・マルクスとレーニンの著作を読んだ者。
問い2・反共産主義者とは?
答え2・マルクスとレーニンの著作を理解した者。

世界一のジョーク大国

ロシア人は、よく知らない人の前ではあまり笑わない。愛想笑いも少ない。ロシアには「意味のない笑いは、バカの笑い」という諺がある。

しかし、そんなロシアという国は、実は「ジョーク大国」。ロシア人ほどジョーク好きの民族はいないかもしれない。彼らは「意味のある笑い」は大好きなのだ。

ロシアではジョークのことを「アネクドート」と呼ぶ。ソ連時代、共産党による民衆への弾圧が激しくなるにつれ、とりわけ発達したのが政治アネクドートだった。指導者を批判する自由を奪われた人々は、陰に隠れて恐怖政治を笑った。その数は「世界一」とも称される。圧政下であればあるほどジョークが発達するのは、他の独裁国家を見ても明らか。だからこそジョーク界において、「共産主義ネタ」は世界中どこへ行っても鉄板のお題目である。共産主義が呈した矛盾と、その理想とかけ離れた惨劇は、絶好の風刺の対象となっている。その中心たるロシアでは、レーニン、スターリン、フルシチョフ、ブレジネフなど、笑いの標的に苦労することはなかった。いつの時代も民衆はしぶとく、独裁者を密かに笑った。

私の知人のロシア人ジャーナリストは、

「ソ連が残した良き遺産はジョークだけ」

と言って笑っていたが、こういった何気ない言葉の内側に歴史の真実は宿る。

●アダムとイブ

問い・アダムとイブはロシア人だったと思われる。なぜ？

答え・裸で過ごし、ほとんど食べず、家さえないというのに、自分たちは楽園にいると思っていたから。

レーニンによる革命

ロシアの革命家であり、ロシア共産党（ボリシェビキ）の創設者であるウラジーミル・レーニン。「レーニン」は筆名で、本名はウラジーミル・イリイチ・ウリヤノフ。レーニンはその他、一五〇ほどの筆名を有していたとされる。「ウラジーミル」はプーチンと同名である。

一八七〇年、レーニンはロシア帝国のシンビルスク（現在はレーニンの本名にちなんでウリヤノフスクと改称）で生まれた。父親は教育者だった。

レーニンは優秀な学生だったとされるが、実の兄が皇帝（アレクサンドル三世）の暗殺計画に関与したとの理由で処刑されたことが、彼のその後の思想に大きな影響を与えた。

レーニンはカザン大学に進んだが、学生運動に加わって逮捕。退学処分となった。以後、マルクスの『資本論』を愛読するなど、マルクス主義に惹かれ、革命思想に傾倒。暴力を容認する革命闘争運動に身を投じる中で、シベリア流刑や亡命も経験した。

プロレタリア（賃金労働者や無産者）によるブルジョア（資本家階級）の打倒を掲げたレー

ニンは一九一七年、十月革命に成功。人類史上初の社会主義国家であるロシア・ソビエト連邦社会主義共和国を樹立した。「ソビエト」とはロシア語で「会議」「評議会」といった意味である。

以降、ロシア共産党による一党独裁体制が確立されていく。平等の理想を掲げて発足したはずのレーニン政権だったが、権力奪取後は反対派を厳しく弾圧。貴族や資本家から没収した財産は、「ノーメンクラトゥーラ（赤い貴族）」と呼ばれる共産党幹部らによって私物化された。

●革命とは

十月革命前夜。貴族の娘に召使いが言った。

「早くお逃げください。もうすぐ革命が始まります」

「革命とは何ですか？」

「貧しい農民や労働者が、金持ちをこの世から消そうとしているのです」

それを聞いた娘は驚いて言った。

「まあ、なんてこと。貧乏人が消えて、みんながお金持ちになったほうがいいのに」

ソ連邦の樹立

一九一九年、レーニンはコミンテルン（第三インターナショナル）を創設。革命を国際社会に拡大する「世界革命」の実現を目指した。日本共産党がコミンテルンに加盟し、「コミンテルン日本支部　日本共産党」となったのは、一九二二年一一月のことである。

そして迎えた一九二二年一二月三〇日、ついに正式にソ連（ソビエト連邦）という連邦国家が樹立された。

正式名称はソビエト社会主義共和国連邦。ちなみに中国の正式名称は中華人民共和国で、北朝鮮は朝鮮民主主義人民共和国。独裁色の強い社会主義政権ほど、国名が長くなる傾向があるようだ。何かの言い訳のように。

ソ連邦の「初期メンバー」はロシア、ウクライナ、白ロシア（ベラルーシ）、ザカフカースの四カ国である。

レーニンは「社会の近代化」をソ連の大看板の一つに掲げた。レーニンは共産主義を「ソビエト権力プラス全国の電化」と定義した。

こうして「ユートピア（理想郷）」を目指して出発したソ連だったが、政権に反対する人々への監視、摘発、粛清は容赦無く、凄惨を極めた。党内においても、血で血を洗う権力闘争が激化した。

また、マルクスの残した「宗教はアヘン」の言葉通り、宗教を厳しく弾圧した。

レーニンはその後、三度の脳卒中を起こし、一九二四年一月二一日、逝去。享年五三。遺体はモスクワの赤の広場に安置された。

ロシア第二の都市であるサンクトペテルブルクは「聖ペテロの街」という意味のドイツ語風の名称だったが、第一次世界大戦勃発後、ドイツが敵国となったため、ロシア語風のペトログラードに改められた。そして、レーニンの死後、レニングラードへと改称された。サンクトペテルブルクの名に戻されたのは、ソ連崩壊後である。

●街

「あなたの出身地は？」

「サンクトペテルブルクです」

「育ったのは？」

「ペトログラードです」

「現在のお住まいは？」

「レニングラードです」

「将来はどこに住みたいですか？」

「サンクトペテルブルクです」

●電化

ソ連の近代化というのは、まったく見事なものである。

ソ連国内の椅子が、すべて電気椅子になったのだから。

●所得税

ソ連に所得税など存在しない。

所得が存在しないのだから。

●メーデー

五月一日のメーデー。古参の共産党員が、新参者に言った。

「我が国のメーデーも随分と変わったものだ」

「どう変わりましたか？」

「昔はクビを覚悟で参加したが、今では参加しないとクビになる」

●レーニン廟

一人の老婆がレーニン廟を見上げながら衛兵に聞いた。

「これは誰を祀った廟なんだね？」

「レーニンさまだよ」

「レーニンって誰だね？」

「新しい聖者さまだ」

「なんと！」

老婆はひざまずいて言った。

「聖レーニンさま、お願いです、どうか共産党を退治してください」

【スターリン】

●子ども好き

かつてスターリンは子ども好きだったという。彼の母親はこう証言する。

「うちの息子は小さい時、子ども好きでしたよ。だって、子どもを射殺したことなど一度もなかったのですから」

●命令

反対派を粛清したスターリンが、側近らに言った。

「これからは私がこの国の唯一の指導者である。私の命令は絶対である。私が『水に飛び込め』と言えば、諸君らは実行しなければならない」

すると、側近の一人であるカール・ラデックが不意に立ち上がり、扉に向かって歩いて行った。スターリンが聞いた。

「おい、ラデック、どこへ行く?」

ラデックが答えた。

「泳ぎを習いに」

赤い皇帝・スターリン

プーチンが理想とする指導者は、「赤い皇帝」ことヨシフ・スターリンだと言われている。

スターリンという名は「鋼鉄の人」という意味だが、これは実は偽名。逮捕、流刑、逃亡を繰り返す中で、彼は多くの偽名を用いた。

本名はヨシフ・ヴィッサリオノヴィチ・ジュガシヴィリ。生まれはロシア帝国統治下のグルジア（現・ジョージア）である。靴職人だった父親はアルコール依存症で、家庭内で暴力を振るったという。

神学校に通ったスターリンだが、若き頃より共産主義思想に傾倒。革命家としての道を歩んだ。

一九〇七年には銀行強盗事件の指揮に関与。革命のための資金を集めることが目的だったが、彼はその他、強盗や通貨の偽造、誘拐事件なども引き起こしている。

●管理と監視

アメリカの大統領がモスクワを訪問し、ゴスバンク（ソ連邦国立銀行）を見学した。

しかし、銀行内は無造作に札束が転がっているような状態であった。大統領が言った。

「これはひどいね。我が国では国家の大事な資本は常に管理して監視しています」

それを聞いたゴスバンクの理事長が言った。

「それはあなたの国が資本主義国家だからです。ですが、本質は同じですよ」

「と言いますと？」

理事長が答えた。

「我が国の大事な資本は人間とその労働力なのです。ですから、我々は常に人間を管理して監視しています」

●ステーキ

モスクワのレストランでの会話。

「どうして、そのステーキを食べないんだ？」

「まだ熱いからね」

「なら吹いて冷ませばいい」
「ダメだね。吹いたら飛んでいってしまう」

大飢饉による飢餓状態

レーニン時代に党内での地位を高めていったスターリン。レーニンは死の直前、遺書に「スターリンはあまりに粗暴」と記し、その行く末を案じたが、その遺書が公開されることはなかった。

レーニンの死後、最高権力者となったスターリンは、第一次五カ年計画を掲げ、農業の集団化に着手。一〇〇〇万人以上とも言われる農民が、土地を奪われて強制移住させられた。疲弊した農村は深刻な飢饉に見舞われた。それでもスターリンは穀物の海外への輸出を優先した。

世界屈指の穀倉地帯であったウクライナも一九三二年から翌年にかけて、「ホロドモール」と呼ばれる大飢饉に陥り、多くの農民が飢餓状態となった。ホロドモールとは「飢えによる虐殺」という意味である。

窮状を訴える現地からの声に対し、スターリンは、

「飢饉の作り話をするなら作家になれ」

と返した。この大飢饉による犠牲者の数は、実に三五〇万人にも及ぶとされる。

現在、大多数のウクライナ人が、ホロドモールを「ソ連によるジェノサイド（集団虐殺）」と認識している。ウクライナ人の対ロシア観には、このような歴史的経緯が土壌として横たわっている。

●行進

問い・ソ連は共産主義国家の理想に向かって行進しているというのに、なぜ食糧不足なのだろうか？

答え・行進中に食事などしない。

未曽有の大粛清

スターリンは「血の粛清」と呼ばれる未曽有の大粛清を敢行し、あまたの民衆を虐殺した。一九三七年から一九三八年にかけて、数十万人もの人々が犠牲になったと言われている。その生涯全体では、実に一〇〇〇万人以上の人々を死刑あるいは強制収容所送りにしたとされ、これは人類史上、最悪の数字である。

性格としては「パラノイア（被害妄想）」がひどく、これが大粛清の要因になったと言われる。彼はこんな言葉を残している。

「わしの人生最大の楽しみは、敵を暴き、十分に準備して復讐し、それから安心して寝ることだ」

粛清の対象は「ジョーク」にも及び、体制批判をネタにした政治アネクドートは、懲役刑どころか極刑に処される対象となった。

人々はそれでも隠れて政治風刺を楽しんだ。「アネクドート劇場」は、しばしば台所や物置きで開演された。世間の口に戸は立てられぬ。

第二次世界大戦時には日ソ中立条約を一方的に破棄し、北方領土を不法に占拠。スターリンにとって日本との戦争とは、日露戦争の敗北に端を発するまさに「復讐」であった。

そんなスターリンを高く評価していたのが、ナチス・ドイツのアドルフ・ヒトラーである。

ヒトラーはスターリンと敵対していたものの、

「スターリンは我々の無条件の尊敬に値する」

とも述べた。ヒトラーはスターリン政権の一党独裁体制や宣伝手法、秘密警察の設置といった面を、自身の政権運営の参考にしたとされる。

●地獄

地獄にいたレーニンが、スターリン政権下のソ連を見て言った。

「こんな国は、私が夢見た理想の社会ではない」

するとスターリンは、すぐさま一〇人の秘密工作員を処刑した。

地獄でレーニンを暗殺するためである。

●地球儀

スターリンが小学校の視察に訪れた。教室の机の上に地球儀があったことに気づいたスターリンは、生徒たちに言った。

「なぜ地球儀が斜めに傾いているのか、知っているかな?」

生徒たちは何も答えなかった。スターリンがさらに聞いた。

「誰も知らないのかな?」

職員室に戻ったスターリンは校長に言った。

「これは困ったものだな。しっかり改善するように」

「わかりました」

翌日、校長からスターリンのもとに電話がかかってきた。

「すべての教師たちを調べ上げ、誰が地球儀を傾けたのか、確認しました」

スターリンは驚いて言った。

「何を言っているんだ？　地球儀は元から斜めに傾いているものだ。私は教育のレベルを心配しただけだ」

校長は天を仰いで言った。

「そうだったのですか。しかし、教師たちは全員が自白しましたよ」

●パリへ

ソ連のとある科学者のもとに、パリで催される学会の招待状が届いた。しかし、ソ連政府は、

「旅費は半分しか支援できない」

とのことであった。

しかし、その科学者は、

「それで問題ない」

と了承した。

はじめから片道のつもりだったのである。

独裁者の系譜

北朝鮮の建国者として知られる金日成は若き頃、共産主義の青年学生運動に参加し、中国共産党に入党。抗日パルチザン活動に没頭したが、日中戦争中にスターリン政権下のソ連領内に逃れた。その後、ソ連極東戦線傘下の部隊に入った。

終戦後、金日成はソ連の後押しにより、北朝鮮を建国。敵対派への苛烈な粛清に手を染めたが、これはまさに「スターリン流」だった。

そんな金日成政権に「憧れ」を抱いたとされるのが、ルーマニアのニコラエ・チャウシェスク。一九七一年、平壌を訪問したチャウシェスクは「街全体が指導者を讃えるつくりになっている」ことに感動。「東欧の小パリ」と呼ばれた首都ブカレストの街並みの「大改造」に着手した。

また、チャウシェスクは「セクリターテ」と呼ばれる秘密警察を組織し、国内全土に盗聴器を仕掛けるなど、強固な監視体制を構築したが、これはソ連の支援を受けてのことであった。

そのチャウシェスクと友人関係にあったのが、イラクのサダム・フセイン。フセインはルーマニアの独裁体制から多くのノウハウを学んだとされる。

スターリンから始まった独裁のかたちが、国境を越えて脈々と受け継がれてきたことがわかる。恐ろしき「独裁者の系譜」である。

現在、その先端にいるのがプーチンということになる。彼の手法を真似る独裁者が出ないことを願うが、「独裁者ジョーク」はまだまだ生まれそうな気配である。

●違い

問い・スターリンとプーチンの違いとは？

答え・口ひげ

●理想

問い・共産主義国家の理想とは？

答え・地平線である。近づけば近づくほど遠ざかっていく、実体のない存在である。

●スイス

問い・スイスに共産主義国家を建設することは可能だろうか？

答え・もちろん可能。しかし、スイスがいったい何をしたというのですか？

【フルシチョフ】

●マジシャン

問い・世界一のマジシャンとは？

答え・フルシチョフ。なぜなら、カザフスタンに種を蒔いて、カナダで収穫したのだから。

フルシチョフの激昂

前述のジョークの解説を少し。スターリンが一九五三年に亡くなった後、第一書記として権力を掌握し、最高指導者の地位に就いたニキータ・フルシチョフは、肝いりの農業政策を次々と推進。北カザフスタンと西シベリアにおける「処女地開拓」を断行したが、農法を無視した連作によって土壌が著しく悪化。極度の不作に陥り、生産は激減した。国内は深刻な穀物不足となり、結局、カナダなどから小麦を輸入する羽目となった。壮大なジョークであった。

そんなフルシチョフ、一九五六年の党大会では、いわゆる「スターリン批判」を断行。スターリンの恐怖政治を世界に暴露し、「非スターリン化」を掲げた。フルシチョフが壇上でスターリン政権への批判を繰り返していた時、一人の党委員がこう声をあげた。

「その時、あなたは何をしていたのですか？」

するとフルシチョフは即座にこう返した。

「今、発言したのは誰か、挙手していただきたい」

挙手する者は誰もいなかった。フルシチョフが言った。

「今のあなたと同じように、私も黙っていた」

フルシチョフが示した緊張緩和の動きは、ソ連の作家であるイリヤ・エレンブルグの小説にちなんで「雪どけ」と称された。

その一方、宗教を否定するレーニン主義には忠実で、無神論者であったフルシチョフは、レーニン同様、「宗教はアヘン」として各宗教を弾圧。ロシア正教の聖堂を次々と取り壊した。

性格としては、時に激昂する面があった。一九六〇年、国際連合総会の場でソ連は「植民地主義非難決議案」を提出したが、これに対しフィリピンのロレンソ・スムロン代表が、「ソ連の東欧諸国への関与こそ、まさに植民地主義であり非難されるべき」と発言。するとフルシチョフは脱いだ靴で机をバンバンと叩き、その演説を妨害した（靴ではなく拳だったという説もある）。フルシチョフは「間抜け！」「ボケ！」と罵ったとも言われる。

結果、総会は休会に。この靴叩きについてイギリスのハロルド・マクミラン首相は、

「あれの翻訳をしてもらってもいいか？」

とジョークを飛ばした。

●農村の窮状

フルシチョフが農村の視察に訪れた。農民の一人が勇気を持って言った。

「誠に言いにくいことですが、この村には種も農機もろくにありません。家畜のエサもないので、豚も牛も次々と死んでいきます。我々の生活は極限状態です。お願いです、なんとかしてください」

それを聞いたフルシチョフは言った。

「同志諸君、君たちの窮状はよくわかった。だが、考えてみてほしい。アフリカには水も食料もまったくなく、飢え死にしていく子どもたちがたくさんいるんだ。そういった国よりも、我々はずっと恵まれているということを」

「そうなのですか。わかりました」

そう言って農民たちはため息をついた。その中の一人が言った。

「では最後に一つだけ聞いてもよろしいでしょうか？」

「なんでも聞きなさい」

農民が聞いた。

「アフリカは何年くらい前に共産主義になったのですか？」

【ブレジネフ】

●月面着陸

アメリカとの宇宙開発競争が華やかなりし頃。ブレジネフが側近に言った。

「アメリカはついに月面着陸に成功したぞ。ひいては、我が国は太陽への着陸を成功させよう」

側近が言った。

「しかし、それでは宇宙飛行士が焼け死んでしまいます」

ブレジネフは笑って言った。

「それについては大丈夫だ」

「なぜですか？」

ブレジネフが答えた。

「夜に着陸するから」

プラハの春を弾圧

ソ連の錚々たる歴代最高指導者の中でも、レオニード・ブレジネフは「お馬鹿キャラ」としてジョーク界に名を残す。

ブレジネフはウクライナのカーメンスコエ（現・カーミヤンシケ）で生まれた。製鉄労働者の家庭である。

クルスク農学校を卒業した後、共産党に入党。その後、冶金を学び、製鉄所で働いた。以降、政治の世界に進出。フルシチョフに認められ、一九五二年に党の中央委員、一九五七年に党中央委幹部会員となった。

一九六四年にフルシチョフの追い落としに成功すると、党中央委第一書記を経て、一九六六年に書記長に就任。自身の権力基盤を固め、独裁体制を確立した。「雪どけ」は終わり、再び締め付けは強化され、「スターリン批判」も禁じられた。「停滞の時代」の到来である。

一九六八年には、いわゆる「プラハの春」を弾圧。「言論の自由」といった政治の民主化を求めるチェコスロバキアの動きに対し、ソ連軍を中核とするワルシャワ条約機構の軍隊を差し向けたのである。圧倒的な武力により、チェコスロバキアの全土は制圧された。民主化運動の指導者たちは、モスクワに連行された。

ブレジネフは「ソ連は兄弟国である社会主義国家が危険にさらされた場合、それを守る権利と義務を持つ」と主張。これは「制限主権論」、ひいては「ブレジネフ・ドクトリン」と称され、世界から批判の的となった。

●プラハにて

チェコのプラハ。モルダウ川に落ちた男が、

「助けてくれ! 助けてくれ!」

と叫んでいた。通行人たちが一斉に呼びかけた。

「静かにしろ! ソ連に聞こえたらどうする!」

トリプル・ブレジネフとは?

ブレジネフと言えば、ベルリンの壁に描かれた「キスの絵」でも有名である。少し説明したい。

ロシアや東欧には伝統的に「トリプル・キス」という風習がある。これは挨拶として左頬に一度、右頬に一度、そして最後に唇にキスをするというものである。

ブレジネフは他国の首脳と挨拶を交わす際、この「トリプル・キス」をよくした。ベルリンの壁に描かれたのは、ブレジネフと東ドイツ（ドイツ民主共和国）のエーリッヒ・ホーネッカー書記長がキスする絵で、「兄弟のキス」と称された。東ドイツ建国三〇周年を祝う式典の場で実際に撮られた写真を模写したこの作品の正式な題名は「神よ、この死に至る愛の中で我を生き延びさせ給え」。

いつしか、ブレジネフからの熱いキスは「トリプル・ブレジネフ」と呼ばれるようになり、外国の首脳たちは、いかにしてこの「儀式」から逃れるか、頭を悩ませた。

名案を実行したのはキューバのフィデル・カストロ議長。モスクワの空港に降り立ったカストロは、悠々とタバコを咥えて登場したのである。

晩年のブレジネフは呂律が回らず、フラフラしている姿が目立った。ロシアのテレビでは、そんなブレジネフのモノマネが人気に。「お馬鹿キャラ」の定着は、この辺りの流れとも関係がありそうだ。

また、常に胸に多数の勲章を付けていたことも笑いのネタにされる。例えば、以下のようなジョーク。

●胸

ある日、ブレジネフの姿が見えない。首相がＫＧＢの長官に聞いた。

「閣下はどうされたのだ？」

「今、手術を受けておられます」

「何？　どこの手術だ？」

「胸です」

「胸を患ったのか」

「いえ、違います」

長官が続けた。

「胸の拡張手術です。勲章を飾る場所が足りなくなったものですから」

●五輪

一九八〇年、モスクワオリンピック。ブレジネフが開会式で演説することになった。

ブレジネフは観衆に言った。

「オー」

スタジアムは拍手に包まれた。ブレジネフはさらに続けた。

「オー」

スタジアムはさらなる拍手に包まれた。ブレジネフはさらに続けた。

「オー」

スタジアムは割れんばかりの拍手と喝采に包まれた。ブレジネフはさらに続けた。

「オー」

スタジアムは異様な雰囲気に包まれた。すると側近がブレジネフのもとに駆け寄って囁いた。

「それは演説の原稿ではありません。オリンピックのマークです。読む必要はありません」

●ブレジネフと太陽

朝、ブレジネフが起きてベランダに出ると、明るく輝く太陽が見えた。ブレジネフは言った。

「おはよう！　太陽！」

するとと太陽が答えた。

「ブレジネフ閣下、万歳！」

昼、ブレジネフが執務の合間にベランダに出ると、同じく燦々と照りつける太陽が見えた。ブレジネフは言った。

「こんにちは！　太陽！」

すると太陽が答えた。

「ブレジネフ閣下、そしてソビエト連邦、万歳！」

夕方、一日の執務を終えたブレジネフがベランダに出ると、沈みゆく太陽が見えた。ブレジネフは言った。

「おやすみ！　太陽！」

すると太陽が答えた。

「うるさい、このマヌケ野郎!」

ブレジネフが驚いて聞いた。

「どうしましたか？　いったい何があったのです？」

太陽が答えた。

「私はもう西側にいるのだ!」

【KGB】

●ミステリー

KGB本部の前には、チェカ（反革命・サボタージュ及び投機取り締まり全ロシア非常委員会）の初代長官であるジェルジンスキーの銅像が立っている。その銅像はKGB本部を背にしているが、夜になるとクルリと向きを変え、KGB本部を見つめるように立つという。

夜になれば、あのジェルジンスキーでさえ、いつ後ろから狙撃されるか不安なのだ。

シベリアの「死の収容所」

ソ連のジョークにおいて欠かせない存在が、秘密警察であるKGB。ロシア語読みでは「カーゲーベー」。KGBの恐ろしさをネタにしたジョークは、いかにもスパイ大国としての伝統を持つロシアらしいものである。

KGBは国内外において、情報活動の他、国家機関や軍への監視、反体制活動の取り締まりといった様々な任務を担った。

KGB職員の法律上の地位は「軍人」。KGBは「国家の中の国家」とも言われた。ロシア国内のアパートやホテルには、数多くの盗聴器が仕掛けられた。ホテルのコーヒーカップの皿にまで盗聴器が仕込まれたこともあった。

田中角栄はソ連訪問時に盗聴器の存在を逆に利用したという。田中は部屋で「石鹸が悪い」「トイレットペーパーが悪い」などと大声で怒ったフリ。すると、翌日には上等なものに替わっていた。帰国後、田中は秘書に、

「盗聴されるのもいいものだ」

と笑ったという。

また、とあるロシア人が電話で大声で喋っていたら、ＫＧＢから、

「うるさい！」

と怒鳴られたといったエピソードも枚挙にいとまがない。

そんな強固な監視体制の中、多くの人々がまったく身に覚えのない罪で捕らえられ、シベリアの強制収容所などに送られた。庶民はＫＧＢの靴音に怯えた。

ソ連建国当初は、北海のソロヴェツキー島が唯一の強制労働収容所だったが、スターリン時代に急拡大。シベリアをはじめとする各地に新たに収容所が設けられた。それらは「死の収容所」「絶滅収容所」とも呼ばれた。

日本人も無関係ではない。第二次世界大戦後には、多くの日本人が抑留され、これらの収容所に送られた。労働力として利用するためである。多くの抑留者たちが祖国に帰る夢も虚しく、冷たい異国の地で息絶えた。

ＫＧＢはソ連崩壊によって解散となったが、その組織は現在、ＦＳＢ（ロシア連邦保安庁）などに受け継がれている。ロシアにはこんな言葉がある。「元諜報員など存在しない」。諜報員は一生現役という意味である。

●喋るオウム

モスクワに住む青年が、よく喋るオウムを飼っていた。そのオウムはいつもこんなことを喋っていた。

「ソビエトなんて世界の笑い者」

「共産党員はみんな嘘つき」

「ここはこの世の地獄」

ある日、ドアが激しくノックされ、外からこんな声が聞こえてきた。

「KGBだ！　開けろ！」

青年は慌ててオウムを冷蔵庫の中に隠した。家の中に入ってきたKGBの職員らは、部屋中を荒らし回ったが、オウムは無事だった。

彼らが家から去ると、青年は急いで冷蔵庫の中からオウムを取り出した。オウムはガタガタと震えながら、

「ソビエトは世界の偉人」

「共産党員はみんないい人」

「ここはこの世の天国」

と言った。青年が驚いて言った。

「どうした？　そんなこと言わなくても、もう大丈夫だよ。いつものように喋ってみろ」

オウムはなおも震えながら言った。

「仕方ないよ。シベリアから帰ってきたばかりなんだ」

●KGBのパーティ

ＫＧＢの幹部の邸宅で、週末にパーティが催された。一人の酒に酔った職員が、美しい女性の隣りに座って、こう話しかけた。

「あそこにいる男をご存じですか？　あれは私の上司なのですが、本当に嫌な奴で。みんなからものすごく嫌われているんですよ。バカなくせに、いつも偉そうで。世の中には、ひどい男がいるものですよね」

女性が答えた。

「あなたは私が誰なのか、知っていますか？」

「いいえ」

「それは不運でした。私はあの人の娘です」

職員はしばらく考えた後、こう言った。

「あなたは私が誰なのか、知っていますか?」

「いいえ」

「それは幸運でした」

職員はそう言って、足早に立ち去った。

●人生最大の幸福

アメリカ人とフランス人とロシア人が「人生最大の幸福」について話していた。アメリカ人が言った。

「私は投資に失敗して、莫大な損失を抱えていました。しかし、本当に駄目だと思ったその時、株が急騰したんです。あれは私の人生で最大の幸福でした」

フランス人が言った。

「私は好きな女性にずっとフラれ続けていました。しかし、ある日、彼女が私の思いを受け入れてくれました。それが私の人生で最大の幸福でした」

ロシア人が言った。

「ある夜、自宅のアパートでくつろいでいると、玄関のドアを誰かがノックしましてね。開けてみると、KGBの二人組でした。一人が私にこう聞きました。『おまえはイワノフだな』と。私は答えました。『私の名はアレクセイです。イワノフは隣りの部屋です』と。すると、二人は礼を言ってドアを閉めました。この時が、私の人生で最大の幸福です」

●理由

シベリアの収容所。新入りが一人の男に聞いた。

「あなたはどのような理由でここにいるのですか？」

男が答えた。

「バナナの皮だ」

「バナナの皮？　どういうことですか？」

男が言った。

「KGBから逃げている時、バナナの皮で滑ってしまって」

●植木鉢

ある男が道を歩いていたら、高層アパートの窓から植木鉢が落ちてきた。男はそれに当たって死んでしまった。居合わせた人々は言った。

「なんということだ。植木鉢が降ってくるなんて。これではおちおち道も歩けない」

その後、亡くなった男のポケットから、KGBの身分証明書が出てきた。居合わせた人々は言った。

「なんということだ。KGBがこんなに増えているなんて。これではおちおち植木鉢も落とせない」

●刑期

シベリアの収容所。古参者が新入りに聞いた。

「刑期は?」

「一〇年です」

「何をやったんだ?」

「別に、何も」

「何もしてないだって？　それで一〇年はおかしいじゃないか」

古参者が続けた。

「何もしてない場合は、最大五年のはずだ」

●土砂降り

土砂降りの中、とある政治犯が銃殺されることになった。連行されている最中の政治犯が泣きながら叫んだ。

「こんなずぶ濡れになって人生を終えるなんて、あまりにひどいじゃないか！」

ＫＧＢの職員が言った。

「冗談じゃない。おまえはまだマシさ」

「なんだって？　どうしてそんなことが言える？」

ＫＧＢの職員は小さく笑って言った。

「俺はこの土砂降りの中、帰り道も濡れなきゃならんのだぞ」

【危機】

●獣医

ソ連の地方都市。一人の男が獣医のもとに駆け込んできて言った。

「先生、私を診察してください」

獣医が言った。

「しかし、私は獣医ですよ」

「いいんですよ」

「なぜ?」

男は答えた。

「私は毎日、小鳥のように食べ、豚のように扱われ、馬のように働かされているのですから」

●描写法

絵の描き方。

自然主義派——見た通りに
印象派——感じた通りに
共産主義派——言われた通りに

ゴルバチョフの登場

一九八五年にソ連の最高指導者となったミハイル・ゴルバチョフ。「新思考外交」を掲げ、対米関係の修復と和解を目指した。「新思考」とは、イデオロギーよりも核廃絶といった全人類的な価値観を重視する考え方である。

また、ゴルバチョフは「プラハの春」を弾圧したブレジネフ政権のような東欧諸国への干渉とは一線を画した。東欧の社会主義政権は民主化運動の中で次々と崩壊していったが、ソ連は介入しなかった。ブレジネフの「制限主権論」は否定されたのである。このことは、フランク・シナトラのヒット曲をもじって「マイウェイ路線」と称された。

ちなみに、社会主義圏の崩壊を東ドイツで目撃したプーチンは、ゴルバチョフの「和解路線」には怨恨にも似た感情を持っていたと言われる。プーチンはソ連崩壊を「二〇世紀における最大の地政学的悲劇」と言い表している。

●**戦い**

問い・第三次世界大戦は起こるだろうか?

答え・起こらない。しかし、共産主義を拡散するための戦いは、たとえ人類が絶滅しても継続される。

酒の恨み?

ゴルバチョフ政権は、国内においては「禁酒運動」を断行。ウォッカをはじめとする酒類が、国民の健康に甚大な害を及ぼし、高い犯罪率の原因にもなり、ひいては経済の生産性にも悪影響を与えていると断罪したのであった。国内におけるすべてのレストランで午後二時までのウォッカの提供が禁止されたり、酒類の価格が上げられたりした。スローガンは「しらふが正常」。

しかし、この政策は大失敗に終わった。こよなく酒を愛する国民から猛反発を受けたのである。

街には密造酒が溢れ、その製造に必要な砂糖やイーストが店頭から消えた。ウォッカの横流しを行う犯罪組織が生まれた。質の悪い代用品や密造酒を飲んで、多数の死者が発生した。オーデコロンや歯磨き粉、靴クリームから酒をつくるといった荒技まで開発された。黒パンの上に靴クリームを大量に塗り、それを一晩置いておくと、アルコール分が下に沈んでパンに染み込む。翌朝、靴クリームを拭き取り、アルコールの染み込んだパンを食べるというわけである。

この禁酒運動により、ゴルバチョフ政権への不満は一挙に拡大。国庫の重要な柱の一つであった酒税も激減し、財政赤字を悪化させた。

これらのことは、ゴルバチョフの退陣とソ連崩壊への導火線になったとも言われる。酒の恨みは恐ろしい。

そんなゴルバチョフだが、日本を含む西側諸国では「ゴルビー」の愛称で親しまれた。日本でも「ペレストロイカ（改革）」や「グラスノスチ（情報公開）」といった言葉は一種の流行語となった。ソ連に訪れた「第二の雪どけ」であった。

一九八九年一二月三日、地中海のマルタで行われたジョージ・H・W・ブッシュ米大統領との米ソ首脳会談により、冷戦の終結を宣言。一九九〇年、ノーベル平和賞を受賞した。

片や、現在のロシア国内では、「偉大なるソ連を崩壊させた」「崩壊後、暮らしが悪化した」といった理由から、ゴルバチョフに対して否定的な意見を持つ人も少なくない。

晩年のゴルバチョフは、権威主義を強めるプーチン政権に対し、非難の声をあげた。ただし、そんなゴルバチョフでさえ、クリミア併合には賛成だった。「クリミアはもともと、ロシアの領土」という見解である。

二〇二二年八月三〇日、逝去。

彼の母親はウクライナ人であった。

●禁酒運動

ゴルバチョフはロシア国民の健康を考え、酒類に関する規制を設けた。その結果、酒屋には長い長い行列ができるようになった。一人の男が言った。

「もう我慢ならない。クレムリンに行って、ゴルバチョフを暗殺してくる」

数日後、男は自宅に戻ってきた。妻が聞いた。

「で、どうだったの?」

「無理だった」

「どうして？」

男が答えた。

「酒屋より長い列ができていた」

【崩壊】

●演説

モスクワを訪問したアメリカのクリントン大統領。歓迎式の場で、エリツィンはメモを見ながら、たどたどしくスピーチをした。一方のクリントンはメモを見ることもなく、朗々と演説を行った。

翌朝のロシアの新聞。一面にはこう書かれていた。

「クリントンは字を読めない」

酔っ払いエリツィン

ボリス・エリツィンは一九三一年、ウラル地方の農民の家庭に生まれた。

第二次世界大戦中、武器庫から盗んだ手榴弾を分解していた際、不意の爆発によって左手の親指と人差し指を失った。

ウラル工科大学建築科を卒業後、建設会社に勤務。一九六一年、ソ連共産党に入党した。以降、党中央委員、党中央委員会政治局員兼書記、モスクワ市党第一書記など、党の要職を歴任。党内における存在感を高めていった。

その後、党内の派閥対立の中で地位を失った時期もあったが、民主綱領派のトップとして復活。一九九〇年、ロシア共和国の最高会議議長に就任。翌一九九一年七月、ロシア共和国大統領となった。

八月一九日には、モスクワで反改革派グループによるクーデターが発生。ゴルバチョフは別荘に軟禁された。作戦の暗号名はゴルバチョフの別荘の名前から「あけぼの作戦」。モスクワ中心部に戦車部隊が現れ、モスクワ放送は占拠された。

このような動きに対し、エリツィンは「クーデターは違憲」との声明を発表。欧米諸国は「エリツィン支持」を表明した。

モスクワでは約一〇万人もの人々が集まり、「エリツィン！　ロシア！」のシュプレヒコールをあげた。戦車部隊の一部がエリツィン側に寝返り、銃撃戦が勃発して死傷者も出た。

クーデターの中心にいたヤナーエフ副大統領は、泥酔して執務不能に。エリツィンは勝利宣言し、クーデターは失敗に終わった。その結果、権力の中核はゴルバチョフからエリツィンに移行していった。

八月二三日、エリツィンはソ連共産党系のロシア共産党の活動を禁止した。

一二月八日、ロシアはウクライナ、ベラルーシと共に、ソ連からの離脱に合意。こうしてソ連の崩壊は不可避となった。雪どけは雪崩となって、ついにソ連自体を呑み込んだのである。

一二月二五日、相次ぐ構成国の独立により、ソ連は消滅。ソ連大統領であるゴルバチョフは辞任した。ソ連の改革を目指したゴルバチョフも、崩壊までは考えていなかったとされる。ソ連の崩壊とは「無類の酒好きだったエリツィンが、酒飲みの敵だったゴルバチョフを追い落とした事件」と風刺されることもある。

当然、ジョーク界でのエリツィンの役回りは「酔っ払いキャラ」である。

●面接

ある時、エリツィンのボディガードが募集された。一人の青年がこの面接を受けるため、クレムリンに行った。国家親衛隊の面接官が聞いた。

「この仕事はとても重要な任務である。最後は大統領閣下自らが面接して決めるが、まずは私が選考する。これまでにボディガードの経験は？」

「もちろん、あります。怪しい奴は誰一人として、大統領閣下に近づけないようにすることを誓います」

青年はそう言うと、廊下の端で寝ていた一人の酔っ払いを叩き起こして、中庭へと投げ飛ばした。青年は言った。

「さあ、どうです？　大統領閣下に会わせていただけますか？」

面接官が言った。

「わかった。そうしよう。ただ、ちょっと待っていてくれ。今、中庭に投げ飛ばされてしまったから」

●記憶

エリツィンに側近が言った。

「大統領、最近は飲みすぎて記憶を失うことがあるそうじゃないですか。どうかお気をつけください」

エリツィンが答えた。

「いや、そんな覚えはない」

●再建への道

一九九一年一二月、ソ連共産党は解散。しかし、共産主義者たちはその後も新たな党による復活を諦めていなかった。党中央は残存党員らに対し、以下のような通達を出した。

一…一名の新党員を獲得した者は、集会の参加義務を免除する。

二…五名の新党員を獲得した者は、離党を許可する。

三…一〇名の新党員を獲得した者は、かつて一度も党に在籍していなかったことを明記した証明書を交付する。

ロシア連邦の誕生

崩壊したソビエト連邦の後継国家として、ロシア連邦が産声をあげた。

ロシア連邦の指導者となったエリツィンは、貿易の自由化、緊縮財政などの経済政策を実施したが、人々の生活は大きく破壊された。多くの国民の生活は、ソ連時代よりも貧しくなってしまったのである。雪が解けた後のぬかるみは、思った以上に深かった。

一九九二年には、前年比二五一〇パーセントものハイパーインフレーションに。多くのロシア人が「ソ連時代のほうがマシだったじゃないか」と肩を落とし、ウォッカを煽った。

エリツィンも酒の量は増えていったようだ。彼は重度のアルコール依存症だったとされる。閣僚とは酒を飲みながらサウナで会議をした。飛行機のタラップを覚束ない足取りで降りてくる様は、テレビでもお馴染みの光景となった。

キルギスのアカエフ大統領と会談した際にも泥酔。エリツィンは酔うとスプーンを楽器のようにして打ち鳴らす「特技」を持っていたが、彼はこの時、アカエフの毛髪の薄い頭を叩いてこの技を披露したという。

一九九四年、アイルランドの首相との会談には、泥酔して現れなかった。

一九九五年の訪米時にも大失態を犯したとされる。夜、へべれけになったエリツィンは、ブレアハウス（賓客が宿泊する施設）を下着姿で抜け出し、タクシーを止めようとして立っていた。「ピザを買いに行こうと思った」という。

一九九八年八月、ロシア政府は債務の支払いを停止。デフォルトを宣言した。ロシアにおける九〇年代は「失われた一〇年」とも呼ばれる。日本とは質も規模も異なる「失われた一〇年」である。そして、この屈辱の「失われた一〇年」を打破するために登場したのが、プーチン政権であった。

●酒好き

お酒の飲み過ぎで入院していたエリツィンが、見舞いにきてくれた側近に言った。

「俺ももう長くはないだろう。もしものことがあったら、私の墓には最高のウォッカをたっぷりとかけてくれないか？」

側近が答えた。

「わかりました。そうしましょう」

側近が続けた。

「でも、それは私の腎臓を通してからでよろしいでしょうか？」

●死因

クリントンがエリツィンに言った。

「あなたの国では、拳銃で死ぬよりも、ウォッカで死ぬ人のほうが多いそうですね」

エリツィンが答えた。

「そうかもしれませんね。しかし、あなただって、拳銃で死ぬよりウォッカで死ぬほうがマシだと思いませんか？」

●バッグ

ソ連崩壊後のロシア。買い物帰りのおばあさんが言った。

「インフレの良い所は、帰りのバッグが軽くなることね」

●亡命

ロシアの外交団がドイツを訪れ、ベルリンの精神科病院を視察した。外交団の一人が入院患者に話しかけた。

「どうして入院しているんだね？」

「亡命しようとしたから」

ロシア外交団はそれを聞いて不思議に思い、ドイツ人の医師に尋ねた。

「どうして亡命を試みた者が精神科に入っているのだね？　我が国では政治犯収容所に入れることになるが」

医師が答えた。

「ええ。しかし、この男はロシアに亡命しようとしたので」

●ソ連という名の列車

「ソ連」という列車が走っていた。しかし、列車は突然、停車した。目の前にあるはずのレールがなくなっていたためである。

レーニンは自らレールを敷いた。

スターリンは責任者を射殺した。

フルシチョフは、

「後ろのレールを前に繋げればいい」

と言った。

ブレジネフはこう言った。

「カーテンを閉めろ。そしてみんなで列車を揺らせ。ほら、走っているような気がするだろう?」

ゴルバチョフは、

「レールがない！　レールがない！」

と世界に向かって叫んだ。

最後、酒に酔ったエリツィンが列車を爆破した。

第5章

民族性&社会

酔っ払いか芸術家か？

【広大な国土】

●道案内

モスクワで男が警察官に聞いた。

「日本にはどうやって行ったらいいかな?」

警察官が答えた。

「簡単だよ。そこの森をまっすぐ行って、突き当たったら右だ」

地表の約八分の一が領土

ロシアは世界で最も広い国土を持つ国。実に地表の約八分の一が、ロシアの領土である(ただし、メルカトル図法では赤道から離れるほど面積が拡大されるため、実際以上に広大なイメージが定着している面はある)。

その国土は日本の約四五倍。人口は一億四〇〇〇万人ほどで、日本より少し多いくらい。

しかし、ＧＤＰは日本の三分の一以下である。

ロシア語に「プラストール」という言葉がある。これは「広々とした大地」といった意味合いだが、同時に「自由」という意味を併せ持つ。ヨーロッパの他の言語にも同類の表現はなく、ロシア語独特の言い回しだとされる。

スターリン時代につくられ、いまだロシア国内で広く愛唱されている「祖国の歌」の歌い出しは、以下の通りである。

「広々とした私の祖国」

しかし、とあるウクライナ人は、

「それだけ多くの国を呑み込んできた証し」

と一蹴する。

実際、ロシアは世界有数の多民族国家。例えばレーニンの血筋を確認するだけでも、彼の家系にはドイツ系、ユダヤ系、スウェーデン系、モンゴル系などの血脈が混在している。また、ロシア文学を代表する文豪トルストイの先祖は、ドイツ人騎士だとされる。現政権のラヴロフ外相の父親はアルメニア系である。

ロシア国内で暮らす民族の数は、計一八〇を超える。「ロシアの南進」とはよく言われる表現だが、北は北極海だから置くとして、東進も西進もして領土を拡張し、多くの民族を呑み込んできたのがロシア史だとも言い得る。そんなロシアを指して「民族の牢獄」と揶揄する言葉もある。

ただし、膨張主義の言葉をロシアだけにぶつけるのも、やや酷かもしれない。ポルトガルやスペイン、イギリス、オランダなどは、船を使ってユーラシア大陸を南方から切り取った。アフリカ大陸、南米大陸もヨーロッパ諸国によって「継ぎ接ぎだらけ」となった。大陸国家で海洋に出る力のなかったロシアは、同様のことを「陸続き」でやったのだと見ることもできよう。

●行軍訓練

中央アジアの平原に駐屯するロシア軍の部隊。ある日、部隊内で行軍訓練が実施されることになった。その訓練は極めて過酷な内容で、総距離は一五〇キロメートル。重い荷物を担ぎ、昼夜を問わず歩くのである。

起床は朝五時。朝食を済ませ、兵士たちは上官の命令のもと歩き始めた。

兵士たちを容赦のない疲労が襲った。彼らの苦しそうな様子を見て、上官が声をかけた。

「頑張れ！　もう二〇キロは進んだぞ」

それを聞いた兵士たちはペースをあげた。上官がさらに声をかけた。

「よし、いい調子だ！　もうすぐ出発地点に着くぞ！」

クロテンがつくった歴史

ロシアがシベリアに本格的に進出したのは、一六世紀の半ば頃。その大きな理由は、森林に住むクロテン（黒貂）やキツネ、リスなどの毛皮を求めてのことであった。

中でもクロテンの毛皮は最高級品とされ、フランスなどで驚くほどの高値で取り引きされた。クロテンの毛皮によって、ロシアは莫大な外貨を稼いだ。一方、ロシア国内では、クロテンの毛皮の着用は貴族にしか許されなかった。

ロシアはシベリアを制圧していく中で、毛皮を直接取るのではなく、先住民から税金（毛皮税）というかたちで取り上げるシステムを構築した。

乱獲によってクロテンの数は激減したが、そんな「毛皮フィーバー」の結果として、ロシアと日本は「隣国」となったのである。ロシアは日本を自国の毛皮交易網に組み込もうと画策したが、鎖国を国の指針とする日本はこれを拒否。幕府は一八〇七年にロシア船打払令を発布した。

また、日本ではあまり知られていないかもしれないが、一八世紀から一九世紀にかけて、ロシアはアラスカやカリフォルニアの北部など、北米地域まで植民地としていた。これも毛皮を中心とする交易の拡大がその主な目的であった。ただしその後、交易状況の悪化とアメリカからの反発もあり、一八六七年、ロシアはアラスカをわずか七二〇万ドル（現在の価値で約一三一億円）でアメリカに売却した。今でもロシアでは「安く売りすぎた」との声が聞かれる。

そのアメリカも日本への接近を試みたが、こちらは「クジラを捕るための補給拠点」を求めてのことであった。アメリカはランプなどに使う鯨油を渇望していたのである。まだ電気のない時代、夜間でも過ごせるようになる鯨油は特別に重宝された。

考えてみれば、一五世紀にオランダやイギリスといったヨーロッパ諸国がインドをはじめとする南アジアに進出したのは、香辛料を求めてのことであった。世界史が「衣（クロテン）」「食（香辛料）」「住（鯨油）」で出来上がったと考えれば、歴史とは高邁なものでもなんでもなく、実に人間臭く、少し哀れでもあり、面白いものである。

一九〇五年には、「世界一長い鉄道」であるシベリア鉄道が完成。シベリア鉄道の終着駅であるウラジオストクは、もともと「東方を支配せよ」という意味である。

●バカンス

モスクワの会社。上司が部下に聞いた。

「夏の休暇はどこで過ごしたんだい？」

部下が答えた。

「バイカル湖に一日。列車に一週間です」

タタールのくびき

そんな侵略の歴史を持つロシアだが、その一方で一三世紀から一五世紀にかけては、モンゴル王朝のキプチャク・ハン国（金帳汗国）に間接支配された過去を持つ。

この約二四〇年間は「タタールのくびき」と呼ばれる。「タタール」とはモンゴル族をはじめとする遊牧騎馬民族の総称としての表現で、ヨーロッパでは「タルタル」とも称される。タルタルステーキやタルタルソースのタルタルだが、この言葉には「悪魔」「強暴」といったネガティブな意味合いも含まれる。日本では「韃靼《だったん》」。

「くびき」とは牛馬などを牽く際に首に付ける横木のこと。「タタールのくびき」の場合、「自由を奪うもの」といった意味で使用されている。

この「タタールのくびき」の影響で、ロシアには東洋的な要素が混在する。ロシア人の中には「タタールのくびき」をロシアの後進性の理由としてとらえたり、コンプレックスに感じる人も少なくない。ヨーロッパでは「ロシア人を一皮むけばタタール人」と笑いのネタにする表現もあるが、これを言い始めたのはナポレオンだという説もある。ロシア国内には「招いていないのに来る客は、タタール人よりひどい」という諺がある。

一九世紀のロシアの思想家であるチャーダーエフは、こう記している。

「われわれは人類という大家族のいずれにも属していません。われわれは西洋でも東洋でもないのです」（『哲学書簡』〈第一書簡〉）

日本のことに少し触れると、ロシア諸公国がモンゴル軍の侵略を受けてから約四〇年後、日本も元寇（蒙古襲来）を迎えることになる。モンゴル軍の圧倒的な軍事力の前に制圧されたロシアであったが、日本は強力な迎撃態勢を整えていたことに加え、季節的な暴風雨（神風）もあって撃退することに成功。「くびき」を付けられることはなかった。そういった意味では、ロシアと日本は対照的な道のりを歩んだと言える。日本の場合、モンゴルと陸続きではなく、海峡が天然の堀として機能したことが大きいとも言えよう。

ロシアはイワン三世の時代に「くびき」から解き放たれたが、その後もポーランド・リトアニア共和国やスウェーデン、オスマン帝国などから軍事侵攻を受けた。第一次世界大戦でも第二次世界大戦でも、最も多くの犠牲者を出したのはロシア（ソ連）だとされる。ロシア人独特の「被害者感情」にも一定の理がある。そしてこの被害者感情が大きく跳ね返り、激しい加害性に繋がる。

ロシアの領土拡張政策の背景には、資源や不凍港の確保といった目的だけでなく、他国からの侵攻を防ぐための緩衝地帯の設定という目的が常に漂う。これは、ＮＡＴＯの東方拡大を恐れてウクライナに侵攻した今回の戦争ともまさに重なる部分がある。

ロシア語には「安全」という単語がない。あるのは「危険がない」という表現だけである。

これこそがロシア人のメンタリティに迫る本質の一つであろう。

●議会にて

ロシアで暮らすタタール人の議員が議会で言った。

「我々タタール人の自主権を拡大していただきたい」

ロシア人議員が言った。

「反対だ」

「なぜでしょうか？」

「平均的タタール人には高度な政治を行うだけの能力が欠けているからだ」

「ちょっと待ってください。それではあなたは、この私にもその能力が欠けていると言うのですか？」

「私は平均的タタール人と言ったんだ。君たちタタール人は、民族の中で最も優秀な人物を議会に送り込んできたのだろうからね」

それを聞いたタタール人議員は笑って言った。

「そんなことはありませんよ」

彼はこう続けた。

「我々タタール人も、あなた方ロシア人と同じです。最も優秀な者は議員になどなりませんよ」

日露戦争の意味

ロシアの「持病」とも言える領土拡張政策に、強烈な鉄槌を食らわせたのが日本であった。極東における権益の確保を巡ってロシアと日本は衝突するようになったが、その結果として勃発したのが日露戦争だった。

日本に長期滞在したフランス人のジョルジュ・ビゴーという画家が描いた一枚の風刺画がある。巨軀のロシア人に対して軍服姿の小柄な日本人が日本刀を持って斬りかかろうとしているが、その姿勢はいかにも「へっぴり腰」。そんな日本人の背中をイギリス人が押しているという構図である。イギリス人は私服で、日本人をけしかけるような表情。その奥にはニンマリとした笑みを浮かべるアメリカ人がいる。アメリカ人も同じく私服である。

イギリスはロシアへの牽制を目的として日英同盟を結んでおり、アメリカは美味しいところを持っていこうと虎視眈々であった。

こうして始まった日露戦争、世界各国は日本の敗戦を予想したが、結果は「ジャイアントキリング」。世界はこの結果に驚愕した。

これは近代戦において、有色人種が初めて白人に勝利した戦争でもあった（「近代戦において」という注釈が付くのは、中世においては「タタールのくびき」のような有色人種の勝利が存在したためである。そして、いずれの敗戦国もロシアであることは興味深い）。

インド独立運動の指導者であったジャワハルラール・ネルーいわく「日本の戦勝は私を熱狂させた」。中国の孫文いわく「これはアジア人の欧州人に対する最初の勝利であった」。

日本海海戦でバルチック艦隊を破った連合艦隊司令長官・東郷平八郎の名前は一躍、世界的に有名となった。同じくロシアの膨張政策に長年にわたって苦しめられてきたトルコでは、「トーゴー」という名前を子どもに付けることが流行した。

そしてロシアにとってこの敗戦は、ロシア帝国崩壊へのトリガー（引き金）となった。

もしも日本が日露戦争に敗れていたら、朝鮮半島は今頃、「コリアスタン」といった国家になっていたかもしれない（「スタン」とは「土地」という意味）。世界史は大きく変わっていたであろう。

●理由

ロシア陸軍の兵士が、訓練中にカラシニコフ銃を無くしてしまった。彼は軍から八万ルーブルを請求された。彼はその時、こう思った。

（なるほど。日露戦争の時、バルチック艦隊の艦長たちが船と共に沈んだ理由がよくわかった）

【宗教】

●ボンクラ

素行が悪いことで有名な男が、ロシア正教の教会の司祭に厳しく説教された。男は腹を立てながら言った。

「もし私にボンクラの息子ができたら、私はその子を教会の司祭にしますよ。適性があるでしょうから」

司祭が答えた。

「なるほど。それもいいかもしれません」

司祭が続けた。

「しかし、あなたのお父さんは、そのような考えは持たなかったようですな」

ロシア正教とは?

多民族国家であるロシアには多くの宗教が混在するが、最も多くの信者を有しているのは、やはりロシア正教である。

ロシア正教会は正教会に属するキリスト教の教会で、独立正教会の一つである。カトリックやプロテスタントと比べても、もともとの規律は厳しいとされる。「ネギ坊主」「タマネギ屋根」などと呼ばれる丸屋根を持つ教会でも有名である。

「ネギ坊主」は「火焔」を表しているというが、その天辺などに飾られる十字架は「八端十字架」と呼ばれ、カトリックとは異なるものである。これはロシアだけでなく、スラブ系の正教会では広く用いられるもので、普通の十字架と違って横棒は三本。一番上の横棒は短く、一番下の横棒は斜めに傾いている。

ロシア正教では、主にキリストや聖母などの姿を描いた「イコン（聖像画）」が愛用されることでも知られる。ロシア語では「イコーナ」と呼ばれるが、イコンは「天国への窓」などと考えられている。イコンは教会だけでなく、一般の住居内などにも飾られる。

また、カトリックでは教会での儀式の際にオルガンが使用されるが、ロシア正教では使われない。ロシア正教における聖歌は、無伴奏で歌われる。

一二世紀に編纂された『原初年代記』というロシアの有名な年代記（レートピシ）によれば、ロシア正教のはじまりは九八八年。キエフ・ルーシのウラジーミル一世が、ビザンチン帝国から受け入れた時点に求められる。それまでのこの地には、太陽神や雷神を崇める原始宗教があったが、これらは否定された。

正教が選ばれた理由の一つは、教会における儀式の荘厳さや美しさであったという。府主教座はキエフに置かれた。

しかし、一三世紀後半にモンゴル軍によってキエフが制圧されると、府主教はモスクワに移された。この辺りの経緯が、現在のウクライナとロシアの関係性にも深い影響を及ぼしている。

ロシア帝国時代のロシア正教会は、ツァーリ（皇帝）の権力構造の中に組み込まれ、権威を高めつつ、多くの人々の心の拠り所となった。司祭は各種の宗教儀式はもちろん、冠婚葬祭や教育、争いの仲介など、様々な場面で人々の生活に寄り添った。

司祭の生活はこうした活動の「謝礼」によって成り立ち、大半の司祭は貧しい生活を送っていたが、中には強欲な者もいたとされる。農民たちとの「お金のトラブル」も少なくなかったようだ。そんな歴史がジョークにも滲む。

●ロウソク

モスクワの教会。一人の男がやってきて司祭に言った。

「私は罪を犯してしまいました」

「どのような罪を犯したのですか?」

「私はどうしても必要に迫られて、ロウソクを盗んでしまったのです」

「それはいけませんね」

「どうしたら許されるでしょうか?」

「教会にウォッカを寄付すれば、あなたは許されるでしょう」

「しかし、ロウソクにも困る私です。ウォッカなど持っていませんよ」

それを聞いた司祭が言った。

「ロウソクの時と同じことをすれば良いのではありませんか」

●通じない

モスクワでフランス語を教えているロシア人教師が、生まれて初めてパリに行った。しかし、彼のフランス語はほとんど通じなかった。モスクワに戻ってきた彼は、とても落ち込んでいた。そんな彼を心配した友人がこう言った。

「大丈夫。よくあることだよ。我が国の司祭たちだって、きっと天国で同じ体験をしているはずさ」

共産主義とロシア正教の戦い

ソ連時代には、宗教を否定する共産党政権によって、ロシア正教も弾圧の対象となった。レーニンは「いかなる神（を信仰すること）も、思想的な死体愛好主義だ」と綴った。「宗教は精神的な安物ウォッカの類である」とも述べた。

スターリン時代の一九三一年には、救世主キリスト大聖堂が、ダイナマイトで爆破された。その他にも多くの教会が破壊されたり、政府に没収された。だが、第二次世界大戦が勃発すると、宗教を戦争に利用しようとするスターリンとの間で関係改善が進み、弾圧は弱まった。

戦争終結後も、ロシア正教は紆余曲折を経ながら、共産党との「共存」を図った。しかし、レーニン主義を強調するフルシチョフの時代には関係性が再び悪化。改めて弾圧の対象とされた。

ソ連崩壊後、ロシア正教は復活。荒れ果てていた教会の修復も進んだ。ただし、聖職者の腐敗や、政権との癒着といった問題が指摘されている。

宗教面での日本とのかかわりで言うと、オウム真理教が日本以外で最も信者を多く獲得したのがロシアであった。ロシア人には神秘主義に惹かれる傾向や、東洋文化への憧憬が強いと言われるが、オウム真理教はそういった側面に付け入ったとされる。

ちなみに、ロシアの司祭は、妻帯を許された白僧(俗僧)と、生涯独身の黒僧(修道士)とに分類される。

●結婚

急激に変わりゆくロシア社会。一人の男がロシア正教会の司祭に言った。

「このまま社会がどんどん変わっていけば、司祭さまもいつかは結婚できる世の中になるかもしれませんね」

司祭が言った。

「私の代では無理かもしれませんが、私の息子の代にはそうなるかもしれませんね」


【ウォッカ】

●ニューヨークにて

モスクワ市長がニューヨークを訪れた。ニューヨーク市長が聞いた。

「ニューヨークはどうですかな？」

「街の治安は以前よりも少しは良くなったようですな。しかし、酔っ払いが多すぎる」

「まさか！　モスクワほどじゃないでしょう」

「そんなことはない！　じゃあ、今度、モスクワに来てみたらいいだろう！」

「もしモスクワのほうが酔っ払いが多かったらどうしますか?」

「そんな酔っ払いなど射殺してもらって構わない」

「随分と大きく出ましたね」

「なんてことはない。で、あなたは同等の権利を私にくれるのでしょうね」

「もちろんです。あなたもニューヨークで酔っ払いを見つけたら、好きなようにしたらいいでしょう」

　その夜、ディナーを終えたモスクワ市長がレストランを出ると、タチの悪そうな酔っ払いの集団が下品に騒いでいるのを見つけた。モスクワ市長はうんざりした顔を浮かべ、彼らを射殺した。

翌朝の新聞。見出しは以下の通りだった。

「ニューヨークでロシア人ツアー客が虐殺される」

●機内放送

モスクワに向かうロシアの国内線。機内放送による機長のお決まりの挨拶が滞りなく終わったが、スイッチを切るのをうっかり忘れてしまったため、以下のような独り言が機内に流れてしまった。

「さて、つまらん挨拶も終わったことだし、自動操縦に切り替えて、しばらく自分の時間を楽しむとするか。まずはウォッカを何杯か流し込んだ後、尻軽の女性クルーでも呼んで楽しむとしよう」

驚いた女性クルーの一人が、機内放送が繋がっていることを伝えるため、顔を真っ赤にして機長室へと急いで向かった。その姿を見た一人の老婆が声をかけた。

「あら、そんなに急ぐ必要はないわ。まだウォッカを楽しんでいるだろうから」

●やめどき

モスクワのバーで男が友人に言った。

「最近、困ったものでね。ウォッカを飲むと、翌日の仕事の妨げになるんだよ」

「それはいけないね。もうそろそろやめたほうが良いのかもしれないね」

二人は共にため息をつき、そして声を合わせて言った。

「仕事を」

なぜウォッカを飲むのか？

先のエリツィンの節とも重なるが、世界のジョークでロシア人と言えば、やっぱり「酔っ払いキャラ」。酒にだらしないが、どこか憎めないキャラクターとしていい味を出している。

酒好きとして知られるロシア人だが、そもそもキエフ・ルーシ時代のウラジーミル一世が国教をギリシア正教と定めたのも、禁酒を説くイスラム教を避けたためだとも言われているから、かなりの筋金入りである。

ロシアの酒として有名なのが、言わずと知れたウォッカ。日本ではかつて「火酒《かしゅ》」と呼ばれていた。無色透明の極めて強い酒である。

ウォッカは穀物を原料とした蒸留酒で、アルコール度数は四〇度ほどが一般的だが、中には九六度という銘柄もある。

ただし、「ウォッカ（vodka）」という単語は、ロシア語で「水」を意味する「ヴァダー（voda）」に接辞（指小辞《ししょうじ》）が付いたもの。指小辞とは名詞や形容詞に付けて「小ささ」や「愛らしさ」といった意味を表すもので、例えば大阪で「飴」のことを「飴ちゃん」と呼ぶのがそれに当たる。そう考えると、ロシアにおいてウォッカとは「お水ちゃん」。つまり「ウォッカ」と「ウォーター」は同じ語源を持つ単語ということになる。ロシア人が水のようにウォッカを飲むのも当然というべきか。

日本ではカクテルのベースに使われることが多いが、ロシアでは「リュームカ」と呼ばれるショットグラスに注ぎ、ストレートで一気に飲み干す。ロシア人はウォッカを「味」よりも「酔い」のために飲むとも言われる。

一九世紀のロシアでは、政府歳入の約三割が酒税だったとも。「酔っ払い」がへべレケになりながら、国家の財政を支えたことになる。また、第二次世界大戦の際には、兵士たちの士気を高めるため、前線にウォッカが支給された。兵士たちは笑顔で飲み干したという。

どんな圧政下でも、どれほど生活が貧しくても、あるいは明日をも知れぬ戦場であっても、ロシア人はウォッカを胃に流し込み、アネクドートを交わし合って、日々を過ごしたのである。

ロシア人の本質とは、ウォッカとアネクドートにあるのかもしれない。

●離婚

モスクワのバー。友人がイワンに言った。

「おい、ボリスの奴、離婚したらしいぜ」

「ほう、なぜ?」

「あいつは本当に大酒飲みだからな。それで嫁さんがついに愛想を尽かしたらしい」

それを聞いたイワンがバーテンダーに言った。

「おい、ウォッカを一〇杯」

●パスポート

EUは加盟国の総意として、ロシア政府にこう要求した。

「ロシア人のパスポートには、本人確認のため、泥酔時の写真を使用すること」

●毎日

問い・ロシア人が一年で最もウォッカを飲むのが少ない月とは？

答え・二月

ロシア人の哀しみ

ウォッカの発祥地については、ロシアの他、ウクライナやポーランドも自称しており、熱い議論が繰り広げられている。互いに譲れないことのようであるらしい。

広大な国土を持つ多民族国家であるロシアでは、文化的な幅も広い。強い酒が好まれるのは、北方の酷寒地域が中心である。「緯度が高くなれば、アルコール度数も高くなる」という言い回しもある。ウォッカを飲むと、身体が内側から温まる。

一方、イスラム教徒が多く暮らす地域では、宗教的な戒律から飲酒率は低い。

プーチン政権は過度の飲酒に対する総合的な政策を進めている。アルコール販売及び広告の規制、課税強化、飲酒運転の撲滅などである。

ロシア語に「トスカー」という言葉がある。これはロシア人独特の国民的資質を表すものとされ、「感情的な苦しみ」「特別な憂鬱」などと訳される。「ロシア人の哀しみ」「ロシア的憂愁」とでも言えるだろうか。これらの感情は緑色をしているとされ、「緑色のトスカー」という表現もある。

明治期の小説家で、『浮雲』で有名な二葉亭四迷（本名・長谷川辰之助）はロシア語に長じていたが、彼は「トスカー」を「ふさぎの虫」と訳した。

ロシア人が強い酒を求めるのは、「ふさぎの虫」のせいだろうか。それとも、ただのだらしなさか。

●コロナ禍

国際会議で「コロナ禍の今、何が必要か」について話し合われた。

アメリカ人が言った。

「勇気だ」

ドイツ人が言った。

「ルールだ」

フランス人が言った。

「愛だ」

日本人が言った。

「技術だ」

最後にロシア人が言った。

「ウォッカだ」

みんなが不思議そうに聞いた。

「ウォッカを飲むとウイルスを抑制できるのですか？」

ロシア人が答えた。

「ウイルスを抑制することはできません。しかし、不安を抑制することはできます」

●髭剃り

その男は禁酒を宣言したものの、うまくいっていなかった。医者が言った。

「そんなにつらいのなら、少しくらいは飲んでもいいですよ。少しずつ減らしていきましょう。まずはウォッカをお湯で割って飲むようにしなさい」

「しかし、そんなことをしたら、妻に怒られてしまいます」

「では、髭を剃る時に少しだけ飲みなさい。それなら奥さんにも気づかれないでしょう? 髭を剃る時にはお湯も使いますしね」

一週間後、男の妻が医者のもとへやってきた。

「先生、うちの夫のことで悩んでいるんです」

「と言いますと?」

妻が言った。

「あの人、一日に一〇回も髭を剃るようになって」

●スクリュードライバー

カクテルのスクリュードライバーは、ロシアでは「ウォッカ入りのオレンジジュース」ではない。

「オレンジジュース入りのウォッカ」である。

●検問

モスクワで警察官が飲酒運転の検問をしていた。警察官が一人のドライバーに言った。

「おい、おまえ、飲酒運転だろう」

「いえ、酒なんて飲んでいませんよ」

「じゃあ、このアルコール検知器に息を吹きかけてみろ」

ドライバーは言われた通り、息を吹きかけた。すると、結果は無反応だった。警察官が言った。

「おかしいな。この検知器、壊れているんじゃないか」

警察官はそう言って、自分の息を検知器に吹きかけた。すると、検知器は「ピー、ピー」と音を鳴らした。警察官は言った。

「うむ。壊れてはいないようだな」

●教訓

モスクワの小学校。教師が子どもたちに言った。

「それでは宿題に出していた『家族から聞いた実体験に基づく教訓のある話』について、発表してください」

最初に女の子が話し始めた。

「私の父は卵を売るためにニワトリを育てています。ある日、父は産みたての卵を集めて一つの大きなカゴに入れ、市場に売りに行こうとしました。しかし、父はその途中で転んでカゴを落とし、卵はすべて割れてしまいました。ですから、教訓は『大切なものを一つにまとめてはいけない』ということです」

先生は嬉しそうに笑って言った。

「すばらしい話です！」

続けて男の子が話し始めた。

「僕の母も卵を売るためにニワトリを飼っています。ある日、母は二〇個の卵を集めました。母は『二〇個売れたら、あれを買おう、これも買おう』と考えていましたが、結局、一〇個しか売れませんでした。ですから、教訓は『まだ手に入れていないものをあてにしてはいけない』ということです」

先生は嬉しそうに笑って言った。

「すばらしい話です！」

最後にイワンが話し始めた。

「僕の叔母の若い頃の話です。叔母が酒屋でウォッカを買った帰りに歩いていると、男たちに誘拐されました。叔母は男たちのアジトに連れて行かれました。叔母は『買ったばかりのウォッカを奪われるのは惜しい』と思い、ウォッカを一気に飲み干しました。男たちは叔母を襲おうとしましたが、叔母は決死の覚悟で戦いました。叔母は男たちのナイフを奪いました。ナイフの刃が折れても、叔母は素手で男たちを相手にし、彼らが気絶するまで殴り続けたそうです。周囲は血の海と化したということです」

先生は血なまぐさい話に驚き、そして聞いた。

「わかりました。しかし、その話にはどのような教訓があるというのですか？」

イワンが答えた。

「はい。教訓は『叔母さんが飲んでいる時に近寄ってはいけない』ということです」

●重大事故

極寒の日が続く冬のモスクワ。バーで飲んでいたアレクセイに友人が言った。

「この時期は耳がしもやけにならないように、帽子を深くかぶったほうがいいぜ」

アレクセイが言った。

「いや、それはダメなんだ。前にそれで大変な事故を起こしたことがあるから」

「事故だって？　いったい何があったんだい？」

アレクセイが答えた。

「とある友人が俺に『一杯やらんか？　奢るから』と言ったのを、聞き逃してしまったんだ」

●目をつぶる理由

モスクワのバー。一人の男が目をつぶりながらウォッカを飲んでいた。不思議に思った客が聞いた。

「どうして、あなたは目をつぶって飲んでいるのですか？」

男が答えた。

「ウォッカを見ると、ツバが出てくるものですから。ウォッカが薄まってしまってはたまりませんからね」

●味

ロシア人の旅行者が、食人種の村で拘束されてしまった。彼の血はアルコールの香りがしたので、毎晩、血を抜かれ、夕食の前に「食前酒」として村の族長に出されることになった。

そんな日々が続いたので、ロシア人旅行者は叫んだ。

「おい、この吸血鬼ども、もう勘弁してくれ！　こんな毎日はこれ以上、耐えられない！」

彼は続けてこう言った。

「酒を補充しなければ、味が落ちてしまうぞ！」

【芸術】

ドストエフスキーやトルストイを輩出

ロシア（ソ連）は文学界の巨人である。一九世紀にはドストエフスキー、ゴーゴリ、トルストイ、ツルゲーネフ、二〇世紀にはゴーリキー、ショーロホフ、ブルガーコフらを輩出した。ちなみにゴーゴリとブルガーコフは、ウクライナの出身である。

ヨーロッパの大学では、アメリカ文学専攻の学生が、ロシア文学専攻の学生から「下に見られる」ような雰囲気がある。このことはヨーロッパだけではないかもしれない（ただし、プーチンはロシア文学だけでなく、ジャック・ロンドンやヘミングウェイといったアメリカ人作家の作品も愛読したという）。

『罪と罰』の主人公ラスコーリニコフが抱える悩みは、人種を問わず、世界中の読者に共感を呼び続けている。

日本人作家の中では、先述したように二葉亭四迷がロシア語に通じていた。学生時代からロシア語を学び、原稿に行き詰まった時にはまずロシア語で書き、それから日本語に直したというから、かなりのものである。ツルゲーネフの翻訳書（『めぐりあひ』『かた恋』など）も手がけている。

ドストエフスキーやトルストイは、「ナロード（ロシアの民衆）」の姿の中にこそロシアの本質があると捉え、彼らの感情と生活を丁寧に描写した。ローマ・カトリックとは異なる正教を受容したロシアでは、ルネサンスも宗教改革も経験することはなかったが、このことが独特のロシア文化と民族的アイデンティティを育む土壌となった。

今も世界中で読み継がれるドストエフスキーだが、やたらと崇めすぎる必要もないかもしれない。私生活では大の博打好きで借金だらけだったとか。女性関係もかなり派手だったと言われている。

ドストエフスキーは「笑い」については、こう書いている。

「人は笑い方でわかる。知らない人に初めて会って、その笑顔が気持ちよかったら、それはいい人間と思ってさしつかえない」

●悲劇

ロシアの三流作家が新聞記者に言った。

「実は私はね、トルストイが亡くなった日に生まれたんだよ」

新聞記者が言った。

「その日はロシア文学にとって二つの悲劇でしたね」

チャイコフスキーもラフマニノフも

音楽の世界では、チャイコフスキー、ラフマニノフ、ストラヴィンスキーらが世界的な名声を誇る。

チャイコフスキーは「白鳥の湖」「眠れる森の美女」「くるみ割り人形」などのバレエ作品で人気。この三作品は「チャイコフスキーの三大バレエ」と称されるが、そのまま「世界三大バレエ」と言い得る地位を占める。

モスクワのボリショイ劇場は世界に冠たる名劇場だが、「白鳥の湖」は一八七七年にここで初演を迎えた。「ボリショイ」は「大きい」という意味である。

一九〇九年には「ロシア・バレエ団」がパリで旗揚げされた。主宰はセルゲイ・ディアギレフ。ストラヴィンスキーも彼のもとで育った。「総合芸術としてのバレエ」という新たなスタイルが確立され、各分野で活躍する一流の才能が世界各地から集まった。かのパブロ・

ピカソも舞台装置や衣装の製作で参加したことがある。

年末になると、日本では「第九」が演奏されるが、欧米諸国では「くるみ割り人形」が定番である。

バレエのそもそもの発祥地はイタリア。世界のバレエは「イタリアで生まれ、フランスで育ち、ロシアで成熟した」と言われる。

●フィガロの結婚

ロシア人の社長が部下たちに言った。

「明日の日曜日はみんなで『フィガロの結婚』に行こう」

翌日、部下たちはスーツ姿で現れた。彼らはみんな、花束やプレゼントを手にしていた。社長は首を横に振りながら言った。

「おいおい、おまえたち、いったい何のつもりだ？『フィガロの結婚』というのはオペラの名前だ。みんなで劇場に行こうと私は言ったんだ。まったく教養がないというのは恥ずかしいことだ」

すると一人の部下が答えた。

「そうでしたか。それは失礼しました。でも、許してください。社長だって以前、『白鳥の湖』に誘ったら、釣り竿を持ってきたじゃないですか」

【スポーツ】

●効能

アメリカ製とロシア製のコロナ用ワクチン。それぞれの効能とは？

アメリカ製ワクチン…接種後、「自由」や「正義」をやたらと口にするようになる。

ロシア製ワクチン…接種後、オリンピックで金メダルが取れるようになる。

ドーピング大国

かつては「スポーツ大国」として鳴らしたロシアも、今や「ドーピング大国」の悪名を冠される。現在、ロシア選手団はオリンピックから排除されている。

ロシアにおけるドーピング問題は、選手個人のレベルではなく、「国家ぐるみ」であったことが特徴的。ドーピングによるロシア代表選手のメダル剝奪件数は、オリンピックだけでも四六件。無論、ダントツの世界最多で、こちらは圧巻の「金メダル」である。

ロシアではソ連時代からドーピングが盛んであったが、その手法は巧みに組織化されている。

一九八〇年に開催されたモスクワオリンピックでも、ソ連をはじめとする東欧諸国を中心にドーピングが横行。その光景は「科学者の大会」と揶揄された。米ソ対立の中で起こった悲劇である。

その後の大会ではドーピング検査の質が向上したこともあり、多くのロシア人選手の不正が明るみに出て、メダルを剝奪されるようになった。

二〇一四年のソチオリンピックでは、尿検体の大規模なすり替えが行われた。大会前、選手はしばらくドーピングを停止し、検査に引っかからない尿を事前に採取。この尿をFSB（ロシア連邦保安庁）が保管する。

大会時には、ドーピング検査所内に「保安対策」を名目として、FSBの部屋を用意。この部屋は大会時に採取される尿の保管場所の隣に設置された。

二つの部屋を隔てる壁には、秘密裏に穴が開けられていた。この穴を使って、大会時に採取された尿検体を、事前に採取しておいた尿検体とすり替えるのである。まさに「国家ぐるみ」の犯罪であった。その発想も呆れた「金メダル」である。

●弱さの理由

問い・なぜロシア軍は思ったほど強くないのか？

答え・一カ月ほど前、オリンピック選手団のためにステロイドを使い果たしてしまったから。

●モスクワオリンピック

二〇XX年、モスクワでオリンピックが行われた。

この大会では、ドーピングが許可された。検査など一切ナシ。さて、どのような大会になっただろうか？

ロシア人選手が棒高跳びを飛んだ。かなり良い記録が出そうだ。観衆は彼が落ちてくるのを今か今かと待ち構えている。

槍投げでも良い記録が出た。銀メダリストは一機のヘリコプター、金メダリストは二機のエアバスを仕留めた。

体操選手は、すでに三時間もの間、鉄棒を回り続けている。

カーリング会場では事故が起きた。ストーンの投げそこないにより、一五名が死亡、六〇名が負傷したのである。

●巨大化

オリンピックで金メダルを獲得したロシア人アスリートが、自宅に友人知人らを招いてパーティをした。

すると、アスリートの母親が部屋に入ってきた。母親は二メートルはあろうかという巨大なキュウリを抱えていた。母親は息子に言った。

「おまえ、また畑でオシッコしたね」

【宇宙開発】

●説得

ソ連の技術を持ってすれば、人類を月に送り込むことなど造作もない。問題はソ連に戻る際、どう説得するかだ。

「地球は青かった」の真相

冷戦下における米ソの宇宙開発競争の土台は、実は第二次世界大戦中のドイツにある。ナチス・ドイツが実用化したロケット技術を米ソが接収したことが、その後の宇宙開発史の方向性を決定づけた。

ソ連は人類の宇宙開発をリードしてきた宇宙大国であり、その成果は冷戦下におけるアメリカとの際どい外交関係にも影響を与えた。冷戦は地球上だけでなく、宇宙にまで及んだのである。

一九五七年、ソ連は世界初の人工衛星「スプートニク一号」の打ち上げに成功。ソ連に先を越された西側諸国は、深刻な「スプートニクショック」に見舞われた。日本はこれ以降、理科教育の強化に注力していくことになる。

一九六一年には、ユーリイ・ガガーリンによる有人宇宙飛行に成功。こちらも世界初の快挙であった。

ソ連は宇宙開発レースのトップに君臨した。世界一の領土を持つ国家は、宇宙をも手に入れようとしていた。

ガガーリンと言えば、「地球は青かった」の名言が有名だが、実際の原文に即した翻訳では「空はとても暗かった。一方、地球は青みがかっていた」。

ガガーリンは他に「ここに神は見当たらない」という言葉を残しているが、日本以外の多くの国々では、こちらのほうが有名である。

この言葉を受けて、次のようなジョークも生まれた。このジョークはガガーリン自身も気に入っていたという。

●神を見たか

宇宙から帰還したガガーリンを祝福するパーティに、ロシア正教のモスクワ総主教が出席した。総主教がガガーリンに聞いた。

「あなたは宇宙で神の姿を見ましたか？」

「いいえ、見ませんでした」

「そうですか。神の姿が見えなかったことは、ぜひ誰にも言わないでいただきたい」

数日後、ガガーリンはクレムリンに呼ばれてフルシチョフと対面した。フルシチョフが聞いた。

「あなたは宇宙で神の姿を見ましたか？」

ガガーリンは総主教の言葉を思い出し、次のように答えた。

「はい、見ました」

するとフルシチョフがこう言った。

「そうですか。神の姿が見えたことは、ぜひ誰にも言わないでいただきたい」

●出張

ロシア、ソ連と連なる長い長い歴史の中で、出張先から一度も不倫せずに帰宅したのは、ガガーリンだけである。

●喋る犬

旅人がモスクワの郊外を歩いていると、一軒の家の壁に「喋る犬、売ります」と書かれた貼り紙があるのを見つけた。旅人が驚いて玄関の扉をノックすると、一人の老人が出てきた。

「本当に喋る犬がいるのですか？」

「ああ。ちょっと待ってな」

老人はそう言うと、一匹の犬を連れてきた。すると早速、犬が喋り始めた。

「こんにちは。はじめまして」

「おお。本当に喋れるのか！」

犬が答えた。

「ええ、もちろん。私はモスクワで生まれましたが、小学校の授業を聞いてすぐにロシア語を覚えてしまいました。その後、大学の授業を受け、化学や物理学にも興味を持つようになりました。それから宇宙開発に協力するようになり、人工衛星に乗って実際に宇宙にも行きました。まったく宇宙から見る地球というのはすばらしいものです」

「なんということだ！　こいつは驚いた！　ぜひこの犬を買いたいが、いくらするんだい？」

老人が答えた。

「一〇ルーブル」

「たったの一〇ルーブル？　なぜそんなに安いんだ」

老人が言った。

「この犬、嘘ばかりつくから、うんざりしているんだ」

【オリガルヒ】

●眼科

モスクワの眼科。今日はやけに混雑している。おじいさんが言った。

「どうして今日はこんなに混んでいるのだろう？」
看護師が言った。
「昨日の大統領の演説を聞きませんでしたか？　大統領はこう言ったのです。『国民の富は、目に見えて増えている』と」

深刻な貧富の差

ロシアでは中間層が伝統的に少なく、社会における貧富の差は、世界の先進国の中でも最大規模とされる。プーチン政権下で中間層が育ってきた面はあるが、いまだ深刻な経済格差が社会に深い分断を生んでいる。

そんなロシア社会において、多大な影響力と存在感を持っているのがオリガルヒである。オリガルヒとは、ソ連の崩壊後、市場経済が導入される過程で急速に富を蓄積した大富裕層のこと。古代ギリシアで少数の者が権力を握った寡頭制（オリガーキー）に由来する言葉である。

オリガルヒは「新興財閥」とも称されるが、彼らは政権との不正な癒着や汚職に大きく関わっているとされる（公正を期すために言及すると、オリガルヒによる腐敗構造はウクライナも同様である)。彼らの中には、公然と納税を拒否する者もおり、督促に訪れた役人がオリガルヒに雇われた私兵に殺害されるといった事件もしばしば起きた。

エリツィン時代に台頭したボリス・ベレゾフスキーは、オリガルヒの一角である自動車販売会社「ロゴヴァズ・グループ」の総帥として成功。石油、金融、メディアへと事業を広げ、「政商」として影響力を拡大した。いつしか彼は「政界の黒幕」と呼ばれるようになった。「ロシアの石油王」ことロマン・アブラモヴィッチも有力オリガルヒの一人。イングランド・プレミアリーグの名門クラブ「チェルシー」を買収したことでも有名になった。

その他、「ワグネル」の創設者であるプリゴジンもオリガルヒである。プーチン政権下では政権に批判的なオリガルヒが粛清されているが、プリゴジンもその道を辿ったことになる。

一方、ロシア国内では「新しい靴を買えない家庭が三軒に一軒」とも言われる。地方では、水洗トイレや水道のない家がいまだ多くある。医療機関の不十分な農村も少なくない。

●デイ&ナイト

ロシアの成り上がりのオリガルヒがアメリカに進出し、最高級のキャデラックを購入した。しかし、昼間は調子よく走るのだが、夜になると発進すらできない。オリガルヒは怒ってディーラーを呼び出して言った。

「どうなっているんだ！　アメリカ車など所詮はこんなものかね？」

ディーラーはクルマを隅々まで確認したが、どこにも故障など見つからない。ディーラーは困った表情を浮かべながら、恐る恐る聞いた。

「失礼なことをお聞きしますが、あなたは本当に正しくギアを入れているでしょうか？」

オリガルヒは顔を真っ赤にして言った。

「冗談じゃない！　人をバカにするにも程がある！」

オリガルヒが続けた。

「私はちゃんと昼間にはギアを『D』に入れているし、夜には『N』に入れている！」

●落ち込み

オリガルヒの一人が亡くなり、盛大な葬式が執り行われた。多くの弔問客が集まる中、一人の男が号泣していた。あまりの落ち込みぶりを心配した青年が、男に声をかけた。

「よほどの近親者だったのですね。お気持ち、お察しします」

すると男は首を横に振って言った。

「そうではないのです」

「と言いますと？」

「近親者でなかったのが残念で残念で」

●ヨット

オリガルヒに友人が聞いた。

「あなたはすばらしいヨットを持っていますね。私も持ちたいと思っているのですが、年間の維持費はいくらくらいになるのでしょうか？」

オリガルヒが言った。

「そうですね、まあ、値段はともかく……」

オリガルヒが続けた。

「維持費を聞くような人は、持たないほうがよいでしょうね」

第6章

国際関係
隠れた親日国？

【アメリカ】

●訪米

ロシアの外交団がアメリカを訪問。アメリカ側は「自由の国」であることを見せつけるため、マイアミのヌーディストビーチへと案内した。

翌朝のロシアの新聞。一面の見出しはこうだった。

「アメリカは深刻な水着不足」

米ソの対立

第二次世界大戦で原子爆弾を使用したアメリカ。同じく核保有国となり、アメリカと覇権を争うようになったソ連。冷戦下における超大国同士の東西対立は、「核戦争直前」とまで言われた。

無論、西側の盟主がアメリカ、東側がソ連という構図だが、日本からの地図上では、東がアメリカで西がソ連。すなわち、冷戦とはあくまでもヨーロッパからの視点であったことがわかる。

冷戦という言葉自体は第二次世界大戦前から存在したが、これもヨーロッパ発。ヨーロッパ諸国の関係性の悪化を指して、「ゲール・フロワ（冷たい戦争）」という言葉が一九三〇年代のフランスで生まれたのがその嚆矢であった。

一九七九年、ソ連がアフガニスタンに侵攻したことで、米ソ関係はさらに悪化。レーガン政権は、ソ連を「悪の帝国」と評した。

ソ連は東ヨーロッパに核弾頭を搭載したSS20型ミサイルを配備。これに対し、アメリカは核弾頭を搭載したパーシングII型ミサイルを西ヨーロッパに配備した。

米ソが保有する核兵器の数は、最も多かったとされる一九八〇年代において、アメリカが二万三〇〇〇発、ソ連が三万九〇〇〇発にのぼったと推計されている。

●宇宙人

宇宙人の乗った宇宙船が地球に接近した。彼らはしばらく地球上の状況を観察し、故郷の星にある本部に連絡を入れた。

「我々は地球の研究を進めています。どうやら多くの強力な核ミサイルを保有しているようです」

「そうか。かなりの知的レベルを有しているということだな」

「いや、そうとも限らないようです」

「なぜだ?」

宇宙人が首を傾げながら言った。

「すべての核ミサイルを自分たちに向けているのです」

プーチンが披露したスパイジョーク

冷戦下、情報戦(インテリジェンス・ウォー)の面でも、米ソ両国は激しい応酬を繰り返した。

アメリカのCIA(中央情報局)は、一九四七年に発足。安全保障政策の決定に必要な諜報活動を担ってきたとされるが、その詳しい活動内容は今も不明のままである。これまでに世界各地で、多くの暗殺やクーデターに関与してきたとされる。

かつてのCIAが最も注力していたのが、ソ連内における活動だった。CIAのスパイは、モスクワでの軍事パレードにも紛れ込み、各種ミサイルや自走砲などの兵器の写真を撮影していた。

元KGBであるプーチンは、かつてこんなジョークを滑らかに披露したことがある。

「ある男がKGBを訪れて言う。『俺はスパイだ。自首したい』。するとこう聞かれる。『どこのスパイか』。『アメリカだ』。『では五号室に行け』。彼は五号室へ行く。『俺はアメリカのスパイだ。自首したい』。『武器は持っているか』。『持っている』。『では七号室へ』。七号室へ行く。『俺はスパイだ。自首したい。武器を持っている』。『一〇号室へ』。彼は一〇号室へ行く。『俺はスパイだ。自首したい』。『何か連絡用の機器は持っているか』。『持っている』。『二〇号室へ行け』。彼は二〇号室へ行く。『俺はスパイだ。武器と連絡用の機器を持っている。自首したい』。こう聞かれる。『任務はあるのか』。『ある』。『なら、それに取り掛かれ！人の仕事の邪魔をするな！』」

●スパイ大作戦

CIAのスパイが、ロシアのとある村にすでに潜入して暮らしているスパイの仲間と接触するよう命じられた。その仲間は「イワン」という偽名を使って生活しているはずだった。

スパイはその村に入ることはできたが、携帯の電波が悪いため、イワンとの接触はなかなかうまくいかなかった。スパイは仕方なく、一軒の家の戸を叩いた。すると一人の男が姿を現した。

「なんでしょう?」

「すいませんが、この村にイワンという人物はいないでしょうか?」

「イワンなら私ですが」

スパイは驚いて、秘密の暗号を口にした。すると男が言った。

「ああ、CIAのイワンさんなら三軒先です」

●ニューヨークにて

ロシア人がニューヨークに住むアメリカ人の友人のもとを訪ねた。

二人が街を散策していると、ビルの四階のベランダから足を滑らせた中年の女性が落下してきた。女性が落ちたのはゴミの収集所だったが、ちょうど古いソファの上に落ちたため、命を取り止めることができた。

ロシア人はその光景を見て、首を横に振りながら言った。

「まったく、アメリカ人というのはどうかしているよ。あの女だって、まだ二、三年は使えるだろうに」

【中国】

●パン

ロシア人と中国人がパン屋に入った。ロシア人は二つのパンをポケットに盗んで店から出た。続いて店から出てきた中国人にロシア人は言った。

「俺の腕前を見たか。まさに完璧なやり方だった。君にはとてもできないだろうね」

すると中国人が言った。

「ならば、私は君のような野蛮な方法ではなく、パンを手に入れることにしよう」

中国人はそう言って、店に戻った。中国人は店主に言った。

「ちょっと、手品を披露したいんですがね。いいですか？」

「面白そうですね。ぜひ」

すると中国人は、おもむろにパンを一つ取って食べ始めた。彼はそのパンを食べ終わると、立て続けにもう一つ、パンを口へと運んだ。店主が聞いた。

「で、これはどういう手品なのですか?」

中国人が答えた。

「そこのロシア人のポケットの中を見てください」

地球上の半分の人口が失われても

冷戦下において、同じ社会主義国家の立ち位置ながら、対立と衝突を繰り返したソ連と中国。フルシチョフの「スターリン批判」以降は、両国の間にイデオロギー論争が勃発した。

一九五七年、モスクワを訪れた毛沢東は、

「東風は西風を圧す」

と語り、フルシチョフ路線を暗に批判。毛沢東は続けて、こうも言ったとされる。

「戦争が始まればどれだけの人が死ぬか考えてみよう。地球上には二七億人の人間が暮らしており、その三分の一、いや多ければ半分が失われる可能性がある。(略)私が言いたいのは、たとえ最悪のケースで半分死んだとしても、半分は生き残るということだ。(略)数年も経てば、人口は再び二七億人に達するはずだ」

毛沢東は、フルシチョフも真っ青の独裁者であった。

●モスクワの名所

モスクワを訪問した中国の役人御一行。モスクワ市長らが、街の名所を案内することになった。モスクワ市長が自慢げに言った。

「あれが我がロシアの最新の建築技術を集約してつくった庁舎です。わずか一年で完成しました」

負けず嫌いの中国人の役人が言った。

「たいしたことありませんね。我が国なら九カ月でつくれます」

次に一行はモスクワ川に架かる橋を訪れた。モスクワ市長が言った。

「この橋は、わずか半年で完成しました」

「ふむ。中国なら三カ月でつくれますな」

モスクワ市長は腹を立てたが、両国の友好のため懸命に我慢した。やがて一行はモスクワ一の高さを誇るオスタンキノ・タワーに到着した。中国人が言った。

「おお、これは何ですかな？」
モスクワ市長が言った。
「おや、これは何でしょうな。昨日は見当たらなかったものですが」

立場の逆転

毛沢東は大躍進政策など、ソ連モデルとは異なる社会主義国家の建設に邁進し、そして絶望的な破綻を招いた。

一九六九年三月には、中ソ国境ウスリー江のダマンスキー島（珍宝島）で武力衝突が発生。以後、アムール川や新疆ウイグル自治区での「中ソ国境紛争」へと拡大した。

一九八九年五月、ゴルバチョフが北京を訪問し、鄧小平と会談。両国の国交正常化が宣言された。この訪問が中国国内における民主化運動を刺激し、六月四日の天安門事件に繋がったとされる。

ソ連崩壊後のロシアは、中国との関係を「戦略的パートナーシップ」という言葉で表現。「モスクワと北京はもはや敵ではない」とされ、首脳外交が積極的に重ねられた。領土問題も「フィフティ・フィフティ」の精神により、法的な合意にまで至った。

ロシア・ウクライナ戦争勃発後、中国はプーチン政権との最適な距離感を見極めようと懸命である。今や友好国である中露両国だが、ロシア側は「（中国との）足並みは揃っている」ことを国際社会に強調し、中国側は中立的な立場を装いながら、ロシアへの支援を続けている。

かつては「世界の二大超大国」の一角であったロシア（ソ連）だが、今では中国がその椅子に座る。立場は完全に逆転した。もはや「フィフティ・フィフティ」の関係ではない。

●時代

問い・ロシアの過去、現在、将来とは？

答え・ラスプーチン、プーチン、チン。（解説・ラスプーチンは帝政ロシア時代の修道僧。ニコライ二世の皇后アレクサンドラに寵愛され、宮廷内で絶大な権力をふるい、「怪僧」と呼ばれた。チンは「陳」の意味で、中国に多い姓。「将来のロシアは中国に牛耳られる」という皮肉である）

●欧州戦線

中国とロシアがついに仲違いし、戦争となった。中国人民解放軍は西進し、モスクワの近郊まで攻め入った。戦線から一時帰国した将軍が、共産党本部を訪れて報告した。

「私は一〇万人のロシア兵部隊を殲滅しました」

共産党本部はその報告が正確かどうか、調査員を戦線に派遣した。二週間後、戦線から戻った調査員が、将軍を含む高官らの前で言った。

「将軍は嘘をついています。将軍の軍は、五万人のロシア兵部隊しか殲滅していません」

それを聞いた将軍が言った。

「おまえはヨーロッパの戦いを知らないね」

「どういうことです？」

将軍が言った。

「ヨーロッパでは、アウェイの得点は二倍なんだよ」

【ベラルーシ】

●プレゼント

ベラルーシのルカシェンコ大統領が、プーチンからクルマをプレゼントされた。しかし、そのクルマにはハンドルが付いていなかった。ルカシェンコは側近に聞いた。

「これはどうやって乗ればいいのだろう？」

側近が答えた。

「遠隔操作でしょう」

最後の独裁者・ルカシェンコ

ロシアとの緊密な関係性を維持するベラルーシ。人口は約九二六万人。首都はミンスクである。

国土の最高標高がわずか三四五メートルという「山のない国」としても知られるが、国連人権理事会からは「人権状況が破滅的な国」と評される。

指導者であるアレクサンドル・ルカシェンコは、「ヨーロッパ最後の独裁者」の異名を持つが、その経歴には謎の部分が多い。

一九五四年八月三〇日、ルカシェンコはソビエト連邦白ロシア共和国（現・ベラルーシ）で生まれた。家系のルーツはベラルーシとウクライナにあり、民族的にはウクライナ人だという。

ルカシェンコは父親のいない母子家庭で育った。モギリョフ教育大学の歴史学部を卒業した後、白ロシア共和国最高会議代議員選挙に立候補して当選。ソ連崩壊後には、混乱の中で自らの地位を高めていった。彼が主張する政策の中核は「汚職の追放」だった。

一九九四年、独立したベラルーシの初代大統領に就任。

以降、複数の大統領選挙で当選を続けているが、これらは不正選挙の疑いが強く指摘されている。二〇二〇年には約八割の得票率で六選となったが、不正選挙を訴える市民約三〇〇〇人が身柄を拘束された。なお、この選挙結果を受けた欧米諸国は、もはやルカシェンコ政権を正当な政権として認めておらず、「ルカシェンコ大統領」という表現は避けられる傾向にある。

総じて「親露反米」とされるルカシェンコ政権だが、ロシアとの距離感は一筋縄ではいかない。天然ガスの供給や資金の借り入れ、反政府活動への対策など、ロシアの「世話」になることも多いが、時に上から圧力をかけてくるプーチン政権に対し、のらりくらりと矛先をかわしながら、その危うい対外バランスを維持している。

ロシア・ウクライナ戦争では、武装蜂起したプリゴジンに矛を収めさせたことで、改めて存在感を示した。

現在は健康不安説も囁かれている。

●傘

自宅を出たルカシェンコが、晴天にもかかわらず傘をさした。それを見た妻が聞いた。

「どうしたのです？　いいお天気じゃありませんか」

ルカシェンコが言った。

「言うな。モスクワは雨なんだ」

●一〇〇万人

モスクワに招かれたルカシェンコが、プーチンに聞いた。

「ロシアには政府に反対する者がどれくらいいるのですか?」

プーチンが答えた。

「まあ、一〇〇万人くらいだろう。たいした数字じゃない」

それを聞いたルカシェンコが笑って言った。

「そうですね。我が国もそんなものですよ」

【アフリカ】

●ムバンガ

プーチンがアフリカの村を訪問した。プーチンは村人らに言った。

「ロシアとアフリカはこれまでも、そしてこれからも大切な友人同士である」

村人たちは一斉に叫んだ。

「ムバンガ!」

プーチンが続けた。

「ロシアはアフリカと公正な付き合いを続ける」

「ムバンガ！」

プーチンがさらに続けた。

「私はアフリカを心から愛している」

「ムバンガ！」

プーチンはスピーチが盛況だったことを、とても喜んだ。

続いて、プーチンは次の訪問先の村へと歩いて向かうことになった。村長が言った。

「次の村への行き方ですが、まずこの道をまっすぐ北に向かってください。途中、牛が多く放牧されている所がありますから、そこのY字路を左に行けばすぐに着きます」

プーチンが嬉しそうに言った。

「いろいろと丁寧にありがとう」

村長が言った。

「途中、牛のムバンガがたくさん落ちていますから、お気をつけください」

アフリカの友人？

ロシア・アフリカサミットという国際会議がある。これは安全保障や経済といった様々な分野において、ロシアとアフリカ諸国が協力関係を強化することを目的とした会議で、二〇一九年から始まった。第一回大会では、実にアフリカから五四カ国が参加、四五カ国から首脳級が出席した。

しかし、ロシア・ウクライナ戦争の勃発により、ロシアとアフリカ諸国の関係性も、大きく揺らいでいる。

とりわけロシアがウクライナ産の穀物に関する輸出合意の履行停止に踏み切ったことに対し、アフリカ諸国は懸念を深めている。アフリカ諸国はウクライナ産穀物への依存度が高い。プーチン政権は穀物の供給支援を強調して懐柔を図ろうとしているが、南アフリカのラマポーザ大統領は、

「アフリカは物乞いではない」

と不快感を示した。南アフリカは元来、冷戦時代の黒人解放闘争の際に旧ソ連の支援を受け、その後もロシア製の武器に依存してきた「親露派」の国だが、その態度は変わりつつある。

一四億人以上もの人々が暮らすアフリカは、投資先としても「最後のフロンティア」。世界はこぞって「アフリカの友人」をアピールするが、ロシアもその最前線にいる。

しかし、二〇二三年七月にロシアのサンクトペテルブルクで開かれた第二回ロシア・アフリカサミットには、四九カ国が参加したが、首脳級の出席は一七カ国にとどまった。ウクライナ侵攻の影響は明らかである。

●トウモロコシ

アフリカの農村を視察したプーチンが言った。

「このような質の悪いトウモロコシは、ロシアでは養殖のサーモンの餌にするのだがね。アフリカでは人が食べているのだな」

それを聞いた村長が答えた。

「このトウモロコシはそれほど悪いものではありませんよ。ですから、ロシアではサーモンの質が高いし、アフリカでは人の質が高いのです」

【日本】

●二つの解決策

問い・日本の北方の島々を占拠するロシア。解決策はあるだろうか？

答え・二つの可能性が考えられる。一つは自然な解決策。もう一つは超自然的な解決策である。

自然な解決策とは、天から降りてきた神が、島に住むロシア人たちをモスクワまで連れて帰ることである。

超自然的な解決策とは、ロシア人が考え方を改め、自らの意志で祖国に帰ることである。

「日本分断」を防いだ占守島の戦い

我が国には昔から「おそロシア」なる言葉遊びがある。その起源は明治時代にまで遡るというから、開国以来、ロシア人の発言や行動に疑問や驚き、そして恐怖を感じてきた証しであろう。

昭和二〇（一九四五）年八月九日、ソ連は日ソ中立条約を一方的に破棄し、満洲国や南樺太への侵攻を開始。スターリンはすでにアメリカやイギリスと「ドイツ降伏の三カ月後に対日参戦する」という密約を交わしていた。

スターリンの野望は、それだけにとどまらなかった。スターリンは北海道の北半分（釧路と留萌《るもい》を結んだ線の北）を占領する考えを持っていたのである。

北海道を目指すため、千島列島を北から南下していく作戦をスターリンは採った。その最初のターゲットとなったのが、千島列島の北東端に位置する占守島《しゅむしゅとう》である。終戦から三日後の八月一八日、ソ連軍は占守島への上陸作戦を開始した。

日本はすでに終戦を受け入れていたが、第五方面軍の司令官で、対ロシア戦研究の第一人者でもあった樋口季一郎中将は、この戦いを「自衛戦争」と断定。樋口は次のように現地に打電した。

「断乎、反撃に転じ、上陸軍を粉砕せよ」

ソ連軍は占守島を数日で占領する予定だった。しかし、日本軍の守備隊は懸命に戦い、多くの犠牲を払いながらも、ソ連軍の上陸部隊を足止め。その内に、アメリカ軍が北海道に進駐した。

結果、日本はソ連による北海道占領を免れた。占守島の戦いは地理的には小さな戦闘だったが、戦後の日本のかたちを考える上で、極めて大きな戦いだった。日本はこうして分断国家になる道を回避できたのである。

北海道占領の野望を挫かれたスターリンは、腹いせのようにして別部隊を派遣し、択捉島、国後島、色丹島、歯舞諸島を次々と占領。これら北方四島には、強力な日本軍守備隊が駐屯しておらず、ソ連軍は容易に占領作戦を達成することができた。

これら北方領土がいまだに戻ってこないのは、周知の通りである。「解決策」はないのだろうか。

●夢

ロシア人と日本人が一緒に散歩していたら、森の中で迷ってしまった。夜になり、二人はようやく古い小屋を見つけた。

小屋には一羽のニワトリがいた。食べ物を持っていなかった二人は、そのニワトリを捕まえて料理した。するとロシア人が言った。

「これだけでは、二人分には足りない。翌朝まで食べないことにして、夜に幸福な夢を見たほうがすべてを食べるということにしないか？」

「なるほど。そうしよう」

翌朝、日本人が夜に見た夢の話をした。

「ブッダが私に手を差し伸べ、共に天へと昇っていく夢だ。これまでにこんな幸福な夢は見たことがない。信じてくれるかい？」

ロシア人が言った。

「信じるとも」

「本当かい？」

「ああ」

ロシア人が続けた。

「だから、僕は君が天に昇っていくのを見て、これはもう二度と地上には戻らないと思い、ニワトリは食べてしまったよ」

●各国の悪役

各国の最も有名な「悪役」とは？

ドイツ…ヒトラー

中国…毛沢東

カンボジア…ポルポト

ソ連…スターリン

ロシア…プーチン

日本…ジャイアン

隠れた親日国

ロシア、ソ連に翻弄されてきた歴史を持つ日本。しかし、そんな両国関係に新しい風が吹いているのも事実だ。

日本のアニメやマンガはロシアでも大人気。「ドラえもん」「ＮＡＲＵＴＯ」「鋼の錬金術師」といった作品が、とりわけ若い世代から絶大な支持を集めている。

そんなサブカルチャーを通じてロシアに定着した言葉の一つが「カワーイナヤ（Кавайная）」。

日本語の「かわいい」から生まれたスラングである。その他、ロシアで通じる日本語としては、「カラオケ」、「カラテ（空手）」、「ツナミ（津波）」などがあるが、中には「ニマヴァシ（根回し）」といった単語も含まれる。

日本文化の影響力の大きさを受けて、一部の作品には規制が設けられている。二〇二一年には裁判所が「ＤＥＡＴＨ ＮＯＴＥ（デスノート）」の放送や配信などを禁止。「暴力的な描写」がその理由とされた。世界中で人気の「進撃の巨人」も、同様の措置が取られている。

映画の世界では、モスクワ国際映画祭で特別功労賞を受賞した経歴を持つ北野武監督の作品が人気。モスクワには長年にわたり、北野監督の顔写真の入った巨大な広告が掲げられていた。北野監督はロシア国内のＣＭにも出演していた。

日本の小説も、目の肥えた多くのロシア人読書家から支持されている。三島由紀夫や安部公房、吉本ばなな、村上春樹といった作家の本が熱心に読まれている。

スポーツ界ではフィギュアスケートの羽生結弦選手が高い人気を誇る。二〇二一年にロシア国内で実施されたファン投票で、羽生選手はロシア人選手を含む有力選手らを抑え、堂々の一位となった。

ロシアの各都市では、日本食レストランが盛況。特にスシバーは多くの人々で賑わう。テイクアウトやデリバリーでも、すでに人々の生活の一部として定着している。握り寿司よりも巻き寿司が多く、ネタとしてはサーモンやイクラがふんだんに使われるが、「イクラ」はもともとロシア語。ロシアの伝統的なスメタナ（サワークリーム）や、そばの実などを使った「ロシア風寿司」もある。

東日本大震災の際には、多くのロシア人が支援のための寄付をした。

そんなロシアがウクライナへの侵略をやめない中で、せっかくの「新しい風」も風向きが変化しつつある。

今後、両国関係がどのような歩みを見せるのか。そして、どのようなジョークが生まれるのか。大いなる不安と共に、希望を忘れずにいたい。

ちなみにロシアにはこんな諺がある。

「家を買わずに隣人を買え」

近所づきあいの大切さを説いた言葉である。

おわりに

「ロシア」「ロシア人」をネタにしたジョーク集。決して単なる悪口や誹謗中傷には陥らぬよう配慮したつもりだが、いかがだったであろう。少しは最奥のマトリョーシカ人形に迫ることができたであろうか。

それにしても、この戦争はいつまで続くのか。時々刻々と戦況が変化する中、この原稿を書いている間に戦争が終わる日は来ないだろうか。そんなことを考えながら本書を書き進めたが、終戦が訪れる前に脱稿となった。

原稿が印刷所に回されている間に終戦となったら、なんとも間の抜けた本となるかもしれないが、私はそれでも良いと思っている。否、そのほうがよほど良い。元コメディアンのゼレンスキー大統領が、再びくだらない下ネタコントで笑わせてくれる日は、いつか来るだろうか。

さて、考えてみれば、世が世ならシベリア送りか暗殺が確実の本書である。執筆中、私は原因不明の心臓の痛みに襲われ、投薬治療を受けながらの生活となった。それは単なる偶然としても、もしもこれで著者が「謎の不審死」となれば、ジョーク本としてはなかなか盛大なオチである。

しかし、やっぱりそれは御免《ごめん》被《こうむ》りたい。

それでは最後の一撃を。

●最後のジョーク

世界中のジョークを知っているという作家が、プーチンを笑う本を書いた。作家は程なくして逮捕され、プーチンの前に連れ出された。プーチンが言った。

「おまえは世界中のジョークを知っているそうだな」

「ええ」

「それで、私に関するジョーク本まで書いたと」

「その通りです」

プーチンが笑みを浮かべながら言った。

「しかし、君が何を書こうが、私の政権はこれからもずっと続く。未来永劫だ。我が体制は絶対的に盤石なのだよ」

それを聞いた作家が言った。

「そのジョークは初めて聞きました」

本書の大半は書き下ろしですが、一部は『ニューズウィーク日本版』に連載したコラム「たかがジョーク　されどジョーク」に、加筆したものです。

早坂 隆 Hayasaka Takashi

1973年愛知県生まれ。ノンフィクション作家。『世界の日本人ジョーク集』（中公新書ラクレ）をはじめとするジョーク集シリーズは、累計100万部を突破。『昭和十七年の夏 幻の甲子園』（文藝春秋）でミズノスポーツライター賞最優秀賞受賞。著書に『指揮官の決断――満州とアッツの将軍 樋口季一郎』（文春新書）など。主なテレビ出演に「世界一受けたい授業」「王様のブランチ」「深層NEWS」など。

X（旧 Twitter）アカウント：@dig_nonfiction

中公新書ラクレ 811

世界《せかい》のロシア人《じん》ジョーク集《しゅう》

2024年2月10日発行

著者……早坂《はやさか》 隆《たかし》

発行者……安部順一

発行所……中央公論新社
〒100-8152 東京都千代田区大手町 1-7-1
電話……販売 03-5299-1730 編集 03-5299-1870
URL https://www.chuko.co.jp/

本文印刷…三晃印刷 カバー印刷…大熊整美堂 製本…小泉製本

Published by CHUOKORON-SHINSHA, INC.
Printed in Japan ISBN978-4-12-150811-9 C1236

中公新書ラクレ　好評既刊

L202
世界の日本人ジョーク集
早坂　隆 著

世界から憧憬の眼差しが注がれる経済大国？　それとも、物真似上手のエコノミック・アニマル？　地球各地で収集したジョークの数々を紹介しながら、異国から見た真の日本人像を描き出す。『世界の紛争地ジョーク集』（ラクレ124）、『世界反米ジョーク集』（同164）に続く第三弾は、問い合わせの多かった「日本人をネタにしたもの」を満載。笑って知って、また笑う。一冊で二度おいしい本。知的なスパイスの効いた爆笑ネタを、ぜひご賞味あれ！

L720
世界の日本人ジョーク集 令和編
早坂　隆 著

累計100万部突破の定番シリーズが、令和に時を移して再登場。菅総理が就任し、トランプ大統領は退任、そして世界を覆うコロナの影……。混迷が続く今、日本人が登場するさまざまなジョークを土台にしながら、平成から令和への移り変わりを描く。国際社会で、存在感はあるのかないのか？　科学技術大国は健在？　日本人というキャラクターは、どのような「キャラ変」を遂げたのか。浮き彫りになる日本人のお国柄を、笑いとともに見直そう！

L783
世界のマネージョーク集
――笑って学ぶお金とのつきあい方
早坂　隆 著

累計100万部突破の人気シリーズが、マネーをテーマに新登場。風刺・ユーモアを通して、お金についての知識や教養を深めることができる「本邦初？」の一冊。そもそもお金とは、人間にとっていったい何？　欲望やいやらしさ、それでも憎めないところなど、お金があぶり出すものは、まさに人間の本質か。お金をめぐるニュースも絶えない現代。日本経済の混迷や「働き方」、格差問題、そして消えない将来不安……。ジョークの力で笑い飛ばそう！